D1942350

Andreas H. Schmachtl,
geboren 1971, studierte Kunst, Germanistik und Anglistik in Oldenburg. Einen Gutteil seiner Zeit verbringt er in England, wo die Ideen zu seinen Büchern entstehen. Nicht zufällig geht es darin hauptsächlich um Igel, Mäuse und andere kleine Leute, deren Schutz und Erhalt ihm besonders am Herzen liegen. Seit 2007 illustriert und schreibt er exklusiv für den Arena Verlag.

Außerdem lieferbar:
Juli Löwenzahn – Jeder Tag ein Abenteuer
Juli Löwenzahn – Schatzsuche im Möhrenbeet
Juli Löwenzahn und die großartige Gespensterfalle
Juli Löwenzahn rettet das Weihnachtsfest
Juli Löwenzahn – Mein Kindergarten-Album

MIX
Papier aus verantwortungsvollen Quellen
FSC® C022125
FSC www.fsc.org

1. Auflage 2012
© Arena Verlag GmbH, Würzburg 2012
Alle Rechte vorbehalten
Text und Illustrationen: Andreas H. Schmachtl
Gesamtherstellung: Westermann Druck Zwickau GmbH
ISBN 978-3-401-09925-5
www.arena-verlag.de

Andreas H. Schmachtl

Juli Löwenzahn

Der beste Freund für alle Fälle

Arena

Inhalt

Mama hat Geburtstag

Erinnerst du dich an Juli Löwenzahn? Na, dann weißt du sicher auch noch, dass Juli eigentlich „Julius“ hieß. Aber so nannte ihn wirklich niemand!
Juli wohnte zusammen mit Mama, Papa und enorm vielen Schwestern in dem großen Kaninchenbau unter der Hecke am Bach. Und praktischerweise wohnten Oma und Opa Löwenzahn gleich nebenan.
Vormittags ging Juli in den Feld-Wald-und-Wiesen-Kindergarten. Genau wie seine Freunde Günther und Klara.
Und ganz bestimmt hast du auch Julis Stoff-Frosch Oskar nicht vergessen. Oskar war nämlich immer da, wenn Juli jemanden zum Spielen, Kuscheln oder einfach mal Hilfe brauchte. Nur heute war der gute Oskar … leider nicht besonders hilfreich.
Dabei hätte Juli gerade heute jede Menge Hilfe gebrauchen können.
Morgen war nämlich Mamas Geburtstag. Und Juli hatte nicht den allergeringsten Schimmer, was er ihr schenken sollte.

Im letzten Jahr hatte Juli eine kleine Schachtel mit Nudeln beklebt, und seine Mama hatte sich sehr darüber gefreut. So eine Schachtel könnte schließlich jeder gebrauchen, hatte sie gesagt. Aber Juli konnte Mama ja nicht zu jedem Geburtstag eine Nudelschachtel schenken.

Heute Morgen im Kindergarten hatte Juli dann überlegt, ob Mama sich vielleicht über ein schönes Bild freuen würde. Juli wollte das Bild malen, Papa könnte dann einen Rahmen dafür machen, und dann würde Mama es ganz bestimmt an die große Küchenwand hängen. Direkt neben das Fenster. Das war eine so tolle Idee, dass Juli am liebsten gleich losgemalt hätte. Aber als er nach dem Kindergarten wieder zu Hause war, hatte Juli herausgefunden, dass seine Schwestern Mama schon ein Bild schenken wollten. Jede von ihnen bemalte ein kleines Blatt, und weil Juli enorm viele Schwestern hatte, waren es auch enorm viele Blätter. Die konnte man dann zu einem richtig großen Bild zusammensetzen. Und dagegen sähe Julis Bild bestimmt ganz schön mickrig aus.

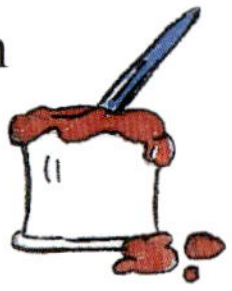

„Ein mickriges Geschenk ist nicht gut genug für Mama", sagte Juli zu Oskar und blickte aus dem Fenster, wo am Ende der Wiese der kleine Bach plätscherte.

Juli mochte den Bach. Das glasklare Wasser klang so lustig, wenn es unaufhörlich vor sich hin plätscherte. Ach, stundenlang konnte Juli zwischen den Steinen am Ufer herumspielen und besonders schöne Kiesel … Moment!

„DAS ist es!", rief Juli. „Mann, Oskar, ich schenke Mama einen Stein! Einen selbst gefundenen. Ich wette, ich finde den schönsten Stein, den Mama jemals gesehen hat. Ach Quatsch, den überhaupt je ein Kaninchen gesehen hat!"

Juli war ganz begeistert von seiner Idee. Er wollte sofort mit der Steinsuche beginnen. Und weil er keine Zeit verschwenden wollte, stieg er einfach aus dem Fenster in den Garten hinaus. Obwohl er das ja eigentlich nicht sollte.
Mann, plötzlich sah der Tag ganz anders aus! Die Sonne schien viel heller, die Luft schmeckte richtig gut, und der Bach schien zu gurgeln: „Na, wer findet den schönsten Stein?“
„Ich! Ist doch klar“, antwortete Juli und machte sich an die Arbeit.

Zuerst rollte er sich die Jackenärmel hoch. Denn wenn Juli mit nassen Sachen nach Hause käme, würde Mama seine Geburtstagsüberraschung vielleicht erraten – und das wäre ja wirklich doof, oder?
Juli wusste, dass die meisten Kiesel an der Biegung des Bachs hinter dem Bohlensteg lagen.

Da floss das Wasser nicht so schnell und spülte die Steinchen nicht gleich wieder mit sich fort.
Juli hatte hier schon mal einen Kiesel entdeckt, der haargenau wie ein Spatzenei aussah. Und dafür musste man schon ein wirklich hervorragender Steinefinder sein.

Die Steinchen sahen toll aus, wie sie da so im Wasser lagen. Ein paar waren rot, andere eher bräunlich. Einige hatte sogar Linien oder Tupfen. Manche waren schlicht grau, dafür aber besonders auffallend geformt. Na ja, irgendwie waren sie alle hübsch, und Juli konnte sich gar nicht entscheiden, welchen er für Mama nehmen sollte. Aber andererseits sagte ja auch niemand, dass Mama nur EINEN Stein bekommen durfte.
„Ich kann schließlich so viele Steinchen sammeln, wie ich will", sagte Juli. Und das tat er dann auch.

Er suchte und suchte und brachte die gesammelten Kiesel zu Oskar auf den Rasen.
Schließlich waren Julis Jackenärmel dann doch ziemlich nass, und er beschloss: „Das soll mal reichen."
Aber was war das? Als Juli Oskar die gesammelten Steinchen zeigen wollte, sahen die plötzlich ganz anders aus. Sie glänzten gar nicht mehr rot oder bräunlich, die Streifen waren nur noch schwach zu erkennen, und Tupfen hatten sie eigentlich auch nicht mehr.
Die Sonne hatte die Kiesel inzwischen getrocknet, und jetzt sahen sie allesamt irgendwie … grau aus.
Juli war furchtbar enttäuscht. Er konnte Mama doch keinen

Haufen grauer Kiesel schenken! Das wäre nun wirklich kein tolles Geburtstagsgeschenk.
„Am besten wäre es, wenn die Steinchen immer nass blieben", überlegte Juli. Und in diesem Moment hatte er die zweite spitzenmäßige Idee des Tages. Er flitzte zum Haus hinüber, schlüpfte wieder durchs Fenster in sein Zimmer und holte das große Weckglas, in dem er mit seinem Opa Wasserflöhe gefangen hatte, um sie ein paar Tage lang in aller Ruhe beobachten zu können. Aber jetzt war das Glas zum Glück wieder leer. Juli spülte es ordentlich aus, füllte klares Bachwasser hinein und ließ die gesammelten Steinchen auf den Boden sinken. Sofort kehrten die Farben und Muster zurück. Donnerwetter, das sah vielleicht toll aus! Dann setzte Juli noch ein paar Wasserlinsen ins Glas – fertig war die Geburtstagsüberraschung!
Am nächsten Morgen war es dann so weit. Alle Löwenzahns überreichten Mama ihre Geschenke. Mama fand jedes einzelne schön.

Aber als Juli ihr das Glas mit den Steinen schenkte, stellte sie es auf das Fensterbrett zwischen ihre Lieblingsblumen und sagte: „Juli, du hast mir ja den Bach geschenkt! Wie hast du das nur wieder hinbekommen?“
„Kleinigkeit“, sagte Juli und war hochzufrieden, dass Mama sich so tüchtig freute.

Arne kommt in den Kindergarten

Wenn die Kinder im Feld-Wald-und-Wiesen-Kindergarten etwas bastelten oder spielten, dann machte Juli das fast immer mit seinem besten Freund Günther und Klara, dem Fuchsmädchen. Die drei waren ein wirklich gutes Team.
Es war nur schade, dass Arne vormittags nicht bei ihnen sein konnte. Die vier hatten nämlich eine Geheimbande und nannten sich die „Vier Kiesel“. Weil sie sich praktisch immer am Bach trafen – wie die Kiesel eben.
Aber Arne war noch zu klein für den Kindergarten. Das heißt, bis jetzt war er zu klein gewesen. Aber heute sollte er endlich auch in den Kindergarten kommen. Und das war ganz schön aufregend!
Juli konnte sich noch gut an seinen ersten Tag im Feld-Wald-und-Wiesen-Kindergarten erinnern. Mama hatte ihn zwar hergebracht, aber dann sollte Juli ganz allein hierbleiben. Dabei kannte er die anderen Kinder und Frau Primel damals noch gar nicht! Deshalb wollte Juli Arne gleich als Erster begrüßen, damit der sich gar nicht erst einsam fühlen musste. War doch klar.

Aber auch die anderen Kinder warteten gespannt auf den Froschjungen.
„Wann kommt er denn endlich?“, fragte Marie Luise Fliegenpilz ungeduldig, als endlich die Türglocke läutete.
„Ich glaube, da ist er“, sagte Frau Primel und öffnete die Tür.
Natürlich hatte auch Arnes Mama ihn hergebracht. Sie hielt Arne an der Hand und sprach mit Frau Primel.
Juli, Günther und Klara winkten Arne schon mal zu.
Komisch war nur, dass er gar nicht zurückwinkte. Ja, er drückte sich ganz fest an seine Mama und schien seine drei Freunde gar nicht zu sehen.
Juli wollte gerade anfangen, sich darüber zu wundern, da sagte Frau Primel: „So, meine Lieben, das ist Arne. Ab heute kommt er zu uns in den Feld-Wald-und-Wiesen-Kindergarten. Wollen wir ihn zusammen begrüßen?“

„Ja! Hallo, Arne!“, riefen die Kinder begeistert, und dann klatschten sie auch noch.
Vielleicht war das ein bisschen zu viel Begeisterung auf einmal, denn Arne drückte sich noch fester an seine Mama und fing sogar an zu weinen.
„Warum heult er denn?“, flüsterte Ines Igel. „Hat er etwa Angst?“
„Na ja“, flüsterte Elfie Entenkraut zurück. „Er ist eben noch ziemlich klein.“
Juli hörte, was die anderen Kinder über Arne sagten. Und es ärgerte ihn. Denn er kannte Arne schließlich am längsten. Er hatte schon ganz viele Nachmittage die abenteuerlichsten Sachen mit Arne erlebt. Und eines stand fest: Ein Angsthase war dieser kleine Frosch nun ganz bestimmt nicht!
Juli stand von seinem Stuhl auf und ging zu Arne hinüber. Dann klopfte er seinem Freund auf die Schulter und sagte: „Hey,

Arne. Da bist du ja endlich! Willst du neben mir sitzen?"
„Na, wäre das nicht schön?", fragte Arnes Mama.

Arne zuckte mit den Schultern und guckte sich mit großen Augen und schniefender Nase um. Denn die ganze Sache war ihm zwar noch immer nicht geheuer, aber ein bisschen neugierig war er natürlich schon.
Arnes Mama versprach, dass sie ihn nachher ganz bestimmt wieder abholen würde, und dann waren die Kinder und Frau Primel wieder unter sich.
„Holt meine Mama mich wirklich wieder ab?", fragte Arne.
„Na klar", nickte Juli. „Das machen sie immer. Hab keine Angst, es ist echt toll hier."
Arne sah nicht sehr überzeugt aus. „Hm. Wie oft soll ich denn in den Kindergarten gehen?"
„Na, am Wochenende schon mal nicht", sagte Juli. „Aber sonst … jeden Tag."

„Jeden Tag?", fragte Arne entsetzt. Das hatte ihm nämlich noch niemand gesagt.
Aber bevor er wieder zu weinen anfing, stellte Juli ihm schnell die anderen Kinder vor. Günther und Klara

kannte Arne ja schon. Und dann waren da noch Ines Igel, Marie Luise Fliegenpilz, Emma Maulwurf, Elfie Entenkraut und Heidi Hörnchen.
Natürlich waren alle Kinder ganz neugierig und stellten Arne jede Menge Fragen. Das war gut, denn so hatte Arne gar keine Zeit mehr zum Traurigsein.

Juli zeigte Arne außerdem noch, wo die Bauklötze lagen, welches das schönste Puzzle war und wo man sich einen Becher Hagebuttentee nehmen konnte.

„Mann, das hätte ich glatt vergessen!“, sagte Juli plötzlich, als er Arne die Mal-Ecke erklärte. Er hatte nämlich Oskar mitgebracht. Nur für den Fall, dass Arne vielleicht nicht der einzige Frosch im Kindergarten sein wollte.

Das fand Arne spitzenmäßig.

„Zum Glück ist jetzt endlich noch ein Junge hier“, sagte Günther zufrieden und schob Arne ein paar Buntstifte zu.

„Stimmt“, sagte Juli. „Wir haben schon auf dich gewartet.“

„Ich habe auch auf Arne gewartet“, schimpfte Klara und senkte geheimnisvoll die Stimme. „Wir sind schließlich die Vier Kiesel. Und ab sofort müssen wir nicht mehr bis nachmittags warten, wenn wir etwas besprechen wollen. Weil wir ja alle vier hier sind. Ist doch klasse, oder?“

Zum Glück hatten die vier im Moment nichts streng Geheimes miteinander zu besprechen. Denn Frau Primel kam herüber und sagte zu Arne: „Jetzt wartet noch eine kleine Überraschung auf dich. Arne, machst du mal fest die Augen zu? Und Juli, du führst ihn, du weißt schon, wohin, in Ordnung?“

Alle grinsten. Ines und Marie Luise kicherten sogar vor lauter Aufregung.

Während Arne noch immer die Augen zuhatte, marschierte die ganze Gruppe in den Waschraum. Dann durfte Arne die Augen wieder aufmachen.

„Jedes Kind bekommt seinen eigenen Handtuchhaken“, erklärte Frau Primel. „Und das ist deiner, Arne.“

Arnes Handtuchhaken war mit einer Froschkrone geschmückt, und Arne durfte den Saugnapf ganz allein an die Fliesen pappen. Dann bekam er noch eine Froschkronen-Zahnbürste, und zum Schluss überreichten die Kinder Arne eine Krone, die sie extra für ihn gebastelt hatten.

Tja, und als Arnes Mama ihn später abholen wollte, da fand der kleine Frosch den Feld-Wald-und-Wiesen-Kindergarten einfach nur … toll.

„Hab ich ja gleich gesagt“, meinte Juli.

„Wollen wir uns morgen wieder hier treffen?“, fragte Arne und winkte seinen Freunden zum Abschied zu.

„Na klar“, versprach Juli und machte heimlich den Vier-Kiesel-Gruß.

Juli findet einen Zehner

Juli hatte schon den ganzen Tag Hoppeln geübt. Direkt nach dem Frühstück hatte er angefangen. Denn wenn man so fantastisch hoppeln wollte wie ein großes Kaninchen, dann musste man eben hin und wieder üben.

In der ersten Stunde war Opa Löwenzahn noch mitgehoppelt.

In der nächsten Stunde hatte Papa Juli ein paar Tricks gezeigt, und seitdem hoppelte Juli allein.

Bis zum Tor der großen Schafweide, dann zurück zum Bach.

Juli hoppelte im Zickzack zwischen den Möhren hindurch und in weitem Bogen um seinen Lieblingsstein herum. Dort, wo früher einmal ein Wegweiser gestanden hatte, übte Juli das sogenannte „Hakenschlagen“ (so nennt man es, wenn Kaninchen von jetzt auf gleich die Richtung wechseln). Das war eine große Kunst – aber man konnte es nicht anders sagen: Juli war ein wirklich spitzenmäßiger Hakenschläger. Darum konnte ihn beim Fangenspielen auch niemand kriegen.

Juli flitzte also auf dem Sandweg hin und her. Vielleicht schlug er dabei einen zu großen Haken. Womöglich war er auch ganz

einfach viel zu schnell, was beim Hoppeln hin und wieder vorkommen konnte. Jedenfalls rutschte er im Sand aus, fiel auf die Nase und fand ... einen Zehner! Zwar nur einen kleinen Zehner, aber immerhin.
Die Münze lag direkt vor ihm auf dem Weg.

Juli guckte sich sofort um, ob da jemand war, der den Zehner verloren hatte. Aber es war weit und breit niemand zu sehen.
„Donnerwetter, ein echter Zehner“, staunte Juli, steckte die Münze in seine Jackentasche und rannte nach Hause, um Mama die Geschichte zu erzählen.
„Darf ich den Zehner behalten?“, fragte Juli anschließend.
„Ich denke schon“, antwortete Mama. „Wir wissen nicht, wer ihn verloren hat. Und DU hast ihn schließlich ehrlich gefunden.“
„Ein echter Zehner“, freute sich Juli. „Was mache ich denn nun damit?“
Das war eine wirklich schwierige Frage. Sofort schwirrten Juli unzählige Ideen durch den Kopf. Denn mit einem echten Zehner, sogar wenn es nur ein kleiner Zehner war, konnte man schließlich alles Mögliche anstellen, nicht wahr?
Als Erstes fiel Juli natürlich der Laden ein. Oh Mann, da gab es so ungeheuer und ganz und gar unglaublich viele Sachen. Da musste ja irgendetwas dabei sein, das Juli gebrauchen und das er für seinen Zehner kaufen konnte!
Sofort flitzte er wieder den Sandweg entlang, hinunter zum Laden. Dieses Mal allerdings, ohne Haken zu schlagen.
Schließlich stand Juli staunend vor dem vollgestellten Schaufenster.

Im Laden war gerade nichts los, und der Kaufmann prüfte etwas gelangweilt eine meterlange Warenliste.
Juli grüßte und fragte dann: „Was bekomme ich für einen Zehner?“
Der Kaufmann guckte ihn über den Rand der Liste hinweg griesgrämig an. Um ehrlich zu sein, war der Kaufmann eigentlich nie gut gelaunt.

„’n großen Zehner?“, brummte er.
„Einen kleinen“, antwortete Juli und hielt ihn stolz in die Höhe.
„Dafür gibt es ’ne Zwiebel“, erklärte der Kaufmann und guckte wieder in seine Liste.

„Brauche ich nicht“, überlegte Juli. „Was gibt es sonst?“

„Zwei Möhren“, antwortete der Kaufmann. „Aber nur ganz kleine.“

„Pphhh, mein Opa hat haufenweise Möhren“, erklärte Juli. „Was gibt es sonst?“

„Drei Eisennägel, Größe vier. Stahlnägel kosten mehr.“

Juli überlegte, ob Papa sich über solche Nägel freuen würde. „Nee. Was gibt es noch?“

Der Kaufmann hatte eigentlich überhaupt keine Lust, auch nur eine einzige von Julis Fragen zu beantworten. Auf der anderen Seite hätte er aber gern Julis Zehner in seine Kasse gesteckt. Also sagte er: „Für ’nen kleinen Zehner bekommst du entweder einen Lolli oder zwei Lakritzschnecken.“

„Ich soll nicht so viele Süßigkeiten essen“, erklärte Juli. „Was gibt es sonst?“

„Eine Rolle Paketschnur.“

Paketschnur war eine feine Sache.

Vor allem, wenn man Schleifen binden konnte, und das konnte Juli. Aber Paketschnur hatte Juli schon, und deshalb fragte er: „Was gibt es sonst?“

„Eine halbe Bastelschere“, antwortete der Kaufmann.

„Eine halbe?“, staunte Juli.

„Klar“, nickte der Kaufmann. „Die ganze Schere kostet zwei kleine Zehner.“

„Aha“, sagte Juli. „Was gibt es sonst?“

„Wie wäre es denn mit Mehl? Ich könnte dir genau so viel abwiegen, wie du für deinen Zehner bekommen müsstest.“

Statt darauf zu antworten, starrte Juli den Kaufmann skeptisch an und fragte: „Was gibt es sonst?“

Wie gesagt hatte der Kaufmann nicht die allergeringste Lust, Julis Fragen zu beantworten. Aber er wollte den Zehner haben. Ja, er MUSSTE den Zehner einfach haben. Immer, wenn irgendwer in seinen Laden kam, konnte der Kaufmann an gar nichts anderes mehr denken als an das Geld, das er gleich in seine Kasse stecken würde.

Aber für einen Zehner, vor allem für einen kleinen, gab es in seinem Laden nun einmal nicht so furchtbar viele Dinge. Und schon gar keine, die einem kleinen Kaninchenjungen gefallen könnten.

„Vielleicht möchtest du ein Glückslos kaufen", grinste der Kaufmann. „Womöglich gewinnst du dann einen großen Zehner. Wer weiß, wer weiß?"

„Oder ich verliere meinen kleinen Zehner. Nein danke", antwortete Juli und verließ den Laden.

Auf dem Heimweg befühlte er immer wieder den Zehner in seiner Tasche. Und da hatte er plötzlich eine spitzenmäßige Idee.
„Er kommt in mein Sparschwein!“, jubelte Juli.
Eigentlich war es ja ein Sparschäfchen, aber das funktionierte genauso wie ein Sparschwein. Man warf sein Geld hinein und nahm es überhaupt nur dann wieder hinaus, wenn man es WIRKLICH brauchte.
Oma Löwenzahn fand Julis Spar-Idee ungeheuer klug. Darum wühlte sie ihre Börse aus der Handtasche und sagte verschwörerisch: „Nun, ich glaube, dein Zehner fühlt sich ein bisschen einsam. So ganz allein in deinem Sparschäfchen.“
„Meinst du?“, staunte Juli, und dann grinste er. „Stimmt. In einem Sparschaf sollte man immer mindestens zwei Zehner haben.“

Julis Beinahe-Zeltabenteuer

„Aber du hast doch gesagt, dass wir heute zelten“, quengelte Juli, während er seinen Papa auf Schritt und Tritt verfolgte.
„Ich weiß“, sagte Papa Löwenzahn nun schon zum x-ten Mal. Und mindestens genauso oft hatte er schon erklärt: „Wir holen das ganz bestimmt nach, Juli. Aber heute geht es einfach nicht, guck doch mal aus dem Fenster.“
Juli dachte gar nicht daran, aus dem Fenster zu gucken. Er wusste ja, dass es mächtig stürmte, und der strömende Regen war beim besten Willen nicht zu überhören.
Aber das war doch alles nicht so schlimm. Immerhin wollten Papa und er ja nicht unter freiem Himmel schlafen, sondern in ihrem Zelt. Und wenn das Zelt das bisschen Regen nicht abhalten konnte, wozu war es dann gut, hm?
„Du hast es trotzdem gesagt“, bohrte Juli noch einmal nach.
„Sei doch nicht so stur“, sagte Papa. „Es wäre wirklich dumm,

heute Nacht im Zelt zu schlafen. Wir holen das bei besserem Wetter nach, versprochen."

Aber Juli wollte das gar nicht hören. Schließlich freute er sich schon seit dem letzten Wochenende auf das Zelten. Er hatte Günther davon erzählt. Dann hatte Juli schon mal probeweise in seinem Schlafsack geschlafen, und am Mittwoch hatte er sogar vom Zelten geträumt. Und jetzt, jetzt sollte das alles ins Wasser fallen?

„Das lasse ich mir nicht gefallen", beschloss Juli. Er hatte doch vor ein paar Regentropfen keine Angst!

Aber wenn Papa nicht mitmachen wollte, musste Juli sich eben etwas einfallen lassen. Und das hatte er auch schon getan.

Den ganzen Tag hindurch war es eigentlich gar nicht richtig hell geworden. Das lag vermutlich an den dichten Regenwolken. Darum hatte Juli den Nachmittag über mit seinen Bauernhoftieren gespielt ... und keinen Ton von seinem Plan verraten.

Dann gab es Abendessen, und Familie Löwenzahn war um den großen Küchentisch versammelt.

Julis enorm viele Schwestern erzählten, dass sie heute in der

Schule einen kleinen Vortrag über Segelschiffe hatten halten müssen. Tagelang hatten sie sich darauf vorbereitet, und Juli hörte gespannt zu. Er konnte Segelschiffe nämlich gut leiden. Er stellte sogar ein paar Segelschiff-Fragen. Nur von seinem Plan verriet er keinen Ton.

Na ja, und der restliche Abend verlief dann eigentlich so wie immer.

Alle Löwenzahnkinder wurden gebadet und in ihre Nachthemden gesteckt.

Juli bekam natürlich einen Pyjama an. Den gestreiften.

Dann setzten sie sich auf dem Sofa zusammen, und Papa las noch eine Geschichte vor. Das war viel einfacher und auch schöner, als wenn er von Zimmer zu Zimmer gewandert wäre, um jedem Kind allein eine Geschichte vorzulesen.

Und schließlich, nach dem Zähneputzen, gingen alle zu Bett.
„Aber was war denn nun Julis Plan?“, wirst du vielleicht fragen. Nun, das erfährst du jetzt.
Juli hatte seine Bettdecke bis zu den Ohren hochgezogen. Nur für den Fall, dass Mama und Papa noch einmal hereinkommen und nach ihm sehen würden. Dann, auch das hatte er sich schon ganz genau überlegt, wollte er kleine Schnarchgeräusche von sich geben. So dachten sie nämlich auf jeden Fall, dass er schlief. Das Schwierigste an seinem Plan war, dass Juli wach bleiben musste, bis alle anderen eingeschlafen waren.
Immer wieder lauschte er, ob in dem großen Kaninchenbau unter der Hecke noch irgendetwas zu hören war. Das wäre natürlich viel leichter gewesen, wenn der Wind draußen nicht so stürmisch geheult und der Regen etwas leiser gegen die Scheiben geprasselt hätte. Aber wenn Juli erst in seinem Zelt läge, würde ihn all das nicht mehr stören. Ach, das würde bestimmt furchtbar gemütlich werden!
Jetzt hast du sicher erraten, was Juli plante, oder? Richtig, Juli wollte ganz allein zelten!

Er krabbelte unter seiner Decke hervor und zerrte ein großes Paket aus seinem Schrank.
Oskar behielt solange die Zimmertür im Auge.
„Sag bloß rechtzeitig Bescheid, wenn du etwas hörst“, schärfte Juli dem Frosch noch einmal ein. Was ganz schön geheimnisvoll klang, weil Juli ja nur flüstern konnte.
Endlich lag das Paket vor ihm. Donnerwetter, war das vielleicht riesig! Du hast sicher bestimmt längst erraten, dass in dem Paket das Zelt verstaut war, oder?

Jetzt kam der abenteuerlichste Teil an Julis Plan. Er musste das Paket nämlich aus dem Fenster schaffen. Juli öffnete das Fenster, so leise es nur ging.
Es war wirklich ein Glück, dass der große Kaninchenbau ziemlich tief in der Erde lag. Sonst hätte Juli bestimmt nicht ständig einfach so aus seinem Zimmerfenster ein- und aussteigen können. Was er, wie gesagt, eigentlich gar nicht durfte.

Im Augenblick hatte Juli aber ganz andere Probleme. Der Wind drückte nämlich derart gegen das Fenster, dass Juli es kaum offen halten konnte. Aber das war auch gut so, denn sonst hätte es direkt ins Zimmer und auf Julis Teppich geregnet, und dabei wäre Julis Bauernhof ziemlich sicher schrecklich nass geworden.

Ja, und dann war da noch so eine Sache, die Juli sich bis jetzt gar nicht richtig überlegt hatte. Das Zeltaufbauen war ja kinderleicht. Man musste nur den Boden mit Heringen befestigen, dann die Stangen im Innern aufrichten und die Halteschnüre spannen. Das war normalerweise schon alles. Aber normalerweise tobte draußen auch kein Sturm.

Und der Sturm würde Juli das Zelt sicher glatt aus den Händen reißen. Außerdem konnte er auch nicht gleichzeitig die Stangen halten UND die Schnüre spannen. Doch was noch schlimmer war: Juli würde bei dem Regen auch den Schlafsack nicht trocken aus dem Zimmer in das Zelt hineinbekommen. Das bedeutete, er müsste die ganze Nacht in nassen Sachen schlafen und bekam deswegen hundertprozentig eine Erkältung. Und dann könnte er nicht mehr mit Papa zelten, wenn das Wetter wieder besser wäre. Nächste Woche zum Beispiel.

All diese Dinge ließ Juli sich durch den Kopf gehen, als er in die stürmische Nacht hinausblickte.

Papa hatte recht. Es wäre tatsächlich ziemlich dumm, bei einem solchen Wetter zelten zu wollen.

„Und dumm", sagte Juli zu Oskar, „sind wir ja nun ganz bestimmt nicht."

Da schob Juli das Paket wieder in seinen Schrank und kuschelte sich gemütlich unter die Decke.

Ehrlich gesagt war Juli nun doch heilfroh, dass er heute Nacht nicht draußen sein musste. Auch wenn Zelten wirklich großen Spaß machte. Normalerweise jedenfalls.

Juli, der Superheld

Seit die Kinder vom Feld-Wald-und-Wiesen-Kindergarten zum ersten Mal in der Bücherei gewesen waren, ging Juli regelmäßig dorthin. Dann suchte er sich ein, manchmal auch zwei Bücher aus, zeigte Herrn Gewichtig seinen Leihausweis und durfte die Bücher zum Anschauen mit nach Hause nehmen.

Juli kannte nämlich schon fast alle Buchstaben und eine ganze Menge Wörter. Wenn er erst einmal richtig lesen konnte, dann würde er sicher ein Buch nach dem anderen lesen. Je dicker, desto besser. Aber bis dahin mussten Mama, Papa, Oma oder Opa ihm noch beim Lesen helfen.

Gerade hatte Oma mit Juli ein großes Buch über Superhelden gelesen. Oma hatte dabei sogar ihre Stimme verstellt und echte Superhelden-Geräusche gemacht.

Superhelden waren einfach toll. Entweder waren sie unglaublich stark oder unglaublich schnell, manch einer war auch unglaublich lautlos. Wie ein Schatten. Und kein unglaublicher Sprung war ihnen zu hoch oder zu weit. Auf jeden Fall waren alle Superhelden ganz und gar unglaublich.

„Könnte ich nicht auch ein Superheld sein?“, fragte Juli, als Oma das Buch zuklappte. „Ich bin nämlich ziemlich schnell“, erklärte er. „Ich kann auch lautlos sein.“ Juli führte das gleich mal vor. „Und kein Sprung ist mir zu hoch.“
„Unglaublich“, staunte Oma. „Du bist ja tatsächlich ein Superheld.“
„Meinst du?“, fragte Juli. Er hätte nie gedacht, dass man das so deutlich sehen würde.
„Aber ja“, versicherte Oma noch einmal. „Du brauchst aber noch ein Heldenkostüm.“
Das stimmte. In dem Buch hatte Juli ganz deutlich gesehen, dass jeder Superheld seine ganz eigene Kluft hatte.

Manche trugen farbige Anzüge. Aber die sahen wie Schlafanzüge aus.
Ein paar hatten Masken auf, das fand Juli aber doof.
Die besten Helden, da war sich Juli sicher, hatten einen Umhang. Und genau so einen Umhang wollte Juli auch haben. Unbedingt!
Oma suchte eine Weile und fand schließlich ein Handtuch. Das war zwar aus Frottee und eigentlich zum Duschen gedacht, aber es war auch knallrot. Und es sah verflixt heldenmäßig aus, sobald Juli es sich um die Schultern geknotet hatte.
„Mann, Oma!“, rief Juli begeistert. „Das sieht spitzenmäßig aus!“

Jetzt hatte Juli zwar eine Superhelden-Kluft, doch für irgendwelche Heldentaten war es leider viel zu spät. Denn eigentlich hätte Juli schon längst im Bett liegen sollen.
Gleich morgen früh wollte er dann mit den Heldentaten anfangen.
„Was hast du denn für einen tollen Umhang?“, fragte Günther, als die beiden Freunde sich am nächsten Morgen im Kindergarten trafen.
Juli erzählte von dem Superheldenbuch und dass er vermutlich auch ein Superheld war.

„Das wär ich auch gern“, seufzte Günther. „Aber dafür bin ich bestimmt zu langsam.“
Juli dachte angestrengt nach. Es wäre schon gut, wenn Günther ebenfalls ein Superheld wäre. Denn schließlich konnte es ja sein, dass Super-Juli bei einem ganz besonders kniffligen Fall Hilfe brauchte. „Aber du bist doch unglaublich stark“, fiel Juli ein. Soweit er wusste, waren nämlich alle Schildkröten ungeheuer kräftig, weil sie ja ihren schweren Panzer mit sich herumschleppen mussten.
„Stimmt“, nickte Günther und klopfte gegen seinen Panzer. „Ich gehe nicht so leicht kaputt. Aber wo kriegen wir jetzt einen Umhang für mich her?“
Juli überlegte wieder, flitzte dann unglaublich schnell zum Spielzeugregal, kam unglaublich lautlos – fast wie ein Schatten – mit den Fingerfarben zurück und malte dem verdutzten Günther ein großes gelbes, heldenmäßiges Super-G auf den Panzer.

„Spitzenmäßig“, fand Juli. „Willst du hinten auch noch eins?“
„Nö“, grinste Günther zufrieden. „Ein G reicht.“
„Und was machen wir jetzt?“, fragte Super-Juli.

„Weiß ich nicht“, gab Super-Günther zu. Er hatte das Buch über die Superhelden ja nicht gelesen.

Dann fiel Juli ein, dass in den Geschichten immer irgendetwas gerettet werden musste. Die Welt oder so. Aber im Feld-Wald-und-Wiesen-Kindergarten musste gerade nichts gerettet werden. Auch draußen im Garten nicht.
„Wir könnten den Kranken und Schwachen helfen“, schlug Juli vor.
Aber niemand hustete oder nieste, und Arne oder Marie Luise waren zwar die Kleinsten in der Gruppe, aber eben nicht schwach. Sie brauchten also auch keine Hilfe. Kurzum: Für Superhelden gab es hier im Moment so gut wie nichts zu tun.
„Ich dachte, Superheld zu sein, wäre spannender“, sagte Günther und kickte gelangweilt eine Kastanie weg.
„Ich auch“, stimmte Juli zu. Auch er kickte eine Kastanie weg. Sie flog in hohem Bogen gegen den Besenstiel, den Frau Primel als Türstopper gegen die Gartentür gelehnt hatte. Der Besen fiel um, die Tür klappte zu, und – wumms – waren alle ausgesperrt!
„So ein Pech“, stellte Frau Primel fest. „Der Besenstiel hat sich so verkantet, dass man die Tür, wenn überhaupt, nur mit großer Kraft wieder aufschieben kann.“

Juli grinste Günther an. Und Günther grinste zurück. Jetzt war … Superhelden-Zeit! Sofort stemmte Super-Günther sich gegen die Tür und drückte. Er schob, was das Zeug hielt, und die Tür öffnete sich einen winzigen Spalt. Lange würde er sie sicher nicht halten können. Aber das brauchte er auch nicht.
Denn schon sprang Super-Juli über ihn hinweg und durch den

schmalen Türspalt hindurch. Schließlich war ihm kein Sprung zu hoch!
Günther ließ die Gartentür los, und sie krachte wieder zu.
Super-Juli aber sauste unglaublich schnell zur Vordertür, öffnete sie und sauste dann lautlos wie ein Schatten in den Garten zurück. „Wir können jetzt wieder rein“, verkündetet er. „Die Vordertür ist offen.“
„Super!“, riefen die anderen Kinder.
Und Frau Primel meinte: „Das war ja unglaublich!“
Da grinsten Juli und Günther sich an und sagten: „Klar, was denn sonst?“

Ein Fall für die Vier Kiesel

Du weißt ja sicher noch, dass Juli, Günther, Klara und Arne eine geheime Bande gegründet hatten, oder? Und dass sie sich die Vier Kiesel nannten?

Aber außer dir weiß sonst wirklich niemand davon. Also pssst, nichts verraten!

Gemeinsam hatten die vier Freunde bereits ein paar aufregende Abenteuer erlebt und knifflige Rätsel gelöst. Zum Beispiel hatten sie Opa Löwenzahns verschwundene Gartenschaufel wieder aufgespürt oder auch mal kleine Käfer aus dem Bach gerettet.

Und wie es nun aussah, stand den Vier Kieseln wieder einmal ein spannender Fall bevor.

Es war Samstag. Darum konnten sich die vier schon am Vormittag zum Spielen treffen.

Weil das Wetter so schön war, hatten sich die Freunde bei den großen Steinen am Bachufer verabredet.

Als Juli dort ankam, war Arne schon da. Arne war fast immer der Erste, weil er noch näher am Bach wohnte als die Löwen-

zahns. Allerdings machte es der Froschfamilie auch nichts aus, wenn ihr Haus hin und wieder überschwemmt wurde.
„Gibt's was Neues?", fragte Juli.
„Ja", antwortete Arne. „Guck dir das mal an."
Juli schaute ins Wasser und entdeckte komische weiße Flocken, die auf der Wasseroberfläche trieben. Ein paar hatten sich zwischen den Steinen verfangen.
Juli schaute sich um und bemerkte gleich, dass der ganze Bach voll davon war. „Was ist das denn?", fragte er.
Aber Arne wusste es auch nicht.
In diesem Moment kamen Klara und Günther angerannt. Auch sie hatten die Flocken schon bemerkt.
„Holt doch mal ein paar aus dem Wasser", schlug Klara vor.
„DIE fasse ich nicht an", sagte Arne. „Wer weiß, was das ist."
Juli nahm einen Stock und fischte damit einige Flocken aus dem Bach. „Sie sind ganz leicht", stellte er fest. „Und sie riechen praktisch nach gar nichts."

„Schmecken sie nach irgendwas?“, wollte Günther wissen.
„Na, das probiere ich ganz bestimmt nicht aus“, meinte Juli. Aber eins stand fest: In ihrem Bach hatten die Flocken nichts zu suchen! Und noch etwas stand fest: Die Vier Kiesel würden diesen Fall untersuchen und herausfinden, was das für ein Zeug war!

„Am besten fragen wir meinen Opa, ob er diese Dinger kennt“, schlug Juli vor.
Und schon sausten die Kinder zum Garten hinauf, wo Opa im Möhrenbeet wühlte.
„Das sind Styropor-Chips“, erklärte Opa, nachdem er die Flocken eingehend betrachtet hatte. „Die werden benutzt, um zerbrechliche Dinge einzupacken. Wenn man sie verschicken will, zum Beispiel.“
„Sind die Dinger gefährlich?“, fragte Klara.
„Nun, essen würde ich sie nicht“, sagte Opa. „Aber anfassen darf man sie schon. Wo habt ihr das Zeug her? Es fühlt sich nass an.“
„Wir haben es aus dem Wasser gefischt“, berichtete Arne. „Der ganze Bach ist voll davon.“
„Das ist ja ekelhaft!“, schimpfte Opa. „Wer macht denn so einen Unsinn?“
„DAS finden wir heraus“, versprach Juli und hörte sich dabei sehr verschwörerisch an.
Juli nahm seine Kescher mit zum Bach. Die anderen schleppten ein paar Eimer.

Denn während sie mit der Untersuchung ihres Falles begannen, konnten sie nebenbei auch noch so viele Flocken aus dem Wasser fischen wie möglich.

Opa hatte ihnen nämlich erzählt, dass dieses Styropor niemals verrotten und das Bachufer bis in alle Ewigkeiten verschmutzen würde. Außerdem konnten Fische oder Vögel es versehentlich fressen und fürchterlich krank werden. Und das wollten die Vier Kiesel natürlich auf jeden Fall verhindern. Blieb also nur noch die Frage, wer die Flocken in den Bach gekippt hatte.

„Es kann nur jemand sein, der bachaufwärts wohnt“, sagte Juli.

„Ach. Und wie kommst du darauf?“, wollte Klara wissen. Sie wohnte nämlich bachaufwärts.

„Weil die Flocken mit dem Wasser treiben“, erklärte Juli. „Und das fließt eben den Bach hinunter.“

„Wow“, staunte Günther. „Du meinst, wenn wir das Ufer absuchen, müssten wir den Täter früher oder später entdecken?“

„Japp“, nickte Juli.

Gesagt, getan. Juli und Klara übernahmen das rechte, Günther und Arne das linke Ufer.

Aber die Ermittlungen waren gar nicht so einfach. Denn es gab ja keinen richtigen Weg. Die Vier Kiesel mussten sich durch Büsche zwängen, über umgestürzte Baumstämme klettern und zweimal unter Brücken hindurchkrabbeln.

Dann trafen sie Elfie Entenkraut mit ihrer Mama und ihren kleinen Geschwistern und konnten gerade noch verhindern, dass die Küken ein paar der Flocken verschluckten.

Jetzt war Juli so richtig wütend. Wer konnte denn nur so rücksichtslos sein, den ganzen Bach zu verdrecken?

Da hörten die Vier Kiesel hinter der nächsten Biegung ein Kichern … und wussten sofort Bescheid.
„Das hätten wir uns auch gleich denken können“, flüsterte Klara. Und die anderen nickten. Sie linsten durch die Büsche und entdeckten die Ratz-Brüder.
Die beiden waren richtig üble Burschen, die gern rauften und nur Unsinn im Kopf hatten – wenn sie nicht gerade kleinere Kinder anpöbelten. Sie standen neben einem Karton voller Styropor-Chips, die sie mit beiden Händen kichernd ins Wasser warfen.

Mutig trat Juli ihnen entgegen. „Hört sofort mit dem Mist auf!“, schimpfte er.
Aber die Ratten lachten ihn nur aus. „Wir sollen den Müll wegschaffen. Und das tun wir gerade.“

„Aber ihr habt damit den ganzen Bach zugemüllt“, sagte Juli wütend. „Und das werdet ihr schön wieder aufräumen.“
Erstaunt glotzten die Ratten Juli an. „Und willst DU uns etwa dazu zwingen, Kleiner?“
„Japp“, sagte Juli. „Ich …“
„… und wir“, fügten die übrigen Kiesel hinzu und bauten sich vor den Ratten auf.
Na ja, die Ratz-Brüder waren natürlich größer als die Kiesel. Aber mit vieren von ihnen wollten sie sich dann doch nicht anlegen. Und wenn die vier so wild entschlossen schauten, erst recht nicht.
Also nahmen sie Julis Kescher und sammelten die Flocken wieder aus dem Bach. Alle.
Das dauerte natürlich den ganzen Tag und war bestimmt keine leichte Arbeit. Aber wer sich so rücksichtslos benahm wie die Ratz-Brüder, der hatte auch eine Strafe verdient.
Die Vier Kiesel aber waren sehr zufrieden: Schließlich hatten sie wieder einmal erfolgreich einen Fall gelöst.

Juli geht zur Arbeit

Frau Primel hatte wohl einen fürchterlichen Schnupfen. Womöglich war es sogar die Grippe. Jedenfalls klang es so, als sie Mama am Telefon mitteilte, dass der Feld-Wald-und-Wiesen-Kindergarten heute geschlossen bleiben musste. Sogar Juli konnte ihr Niesen hören, obwohl er gar nicht am Telefon war.

Beim Frühstück fragte Mama dann: „Was machen wir denn jetzt mit dir, Juli?“ Mama musste heute nämlich zu einer wichtigen Untersuchung. Sie hatte einen ziemlich dicken Bauch bekommen, weil da ein neues Löwenzahn-Geschwisterchen drin war. Also konnte sich Mama ausnahmsweise mal nicht um Juli kümmern.

Zu Oma und Opa konnte er auch nicht, weil die gerade eine Wiesenheu-Kur machten und erst nächste Woche wieder zurückkommen würden.

„Das ist doch kein Problem“, erklärte Juli. „Dann helfe ich eben Papa bei der Arbeit.“

Papa konnte nicht sofort antworten, weil er sich an seinem Tee verschluckt hatte. Aber dann sagte er: „Na, das wird bestimmt spannend."

Ja, und so machte Juli sich, gleich nach dem Zähneputzen und sobald Papa seinen Schlips umgebunden hatte, auf den Weg zur Arbeit.

Papa Löwenzahn arbeitete bei der Firma Salat & Co., genauer gesagt, im Außendienst. Und Juli hatte sich schon oft gefragt, was das eigentlich bedeuten mochte.

Juli flitzte mit seinem Fahrrad neben Papa her und war aufgeregt. Immer wenn er an Papas Firma dachte, stellte er sich die tollsten Dinge vor. Ob Papa wohl in einer Art Schloss mit Türmen und einem riesigen Tor arbeitete?

„So, da sind wir", sagte Papa, und Juli war plötzlich ziemlich enttäuscht. Das war ja nur ein stinknormales Haus! Aber immerhin stand auf einem Schild über der Tür: *Salat & Co., GmbH. Inh. Erwin Gernegroß.*

„Das ist der Chef", flüsterte Papa Juli zu. „Dem sagen wir jetzt Guten Tag."

Zunächst mussten Juli und Papa aber an Frau Unentbehrlich, der Sekretärin, vorbei. Sie konnte mit vier Leuten gleichzeitig telefonieren, hatte noch nie einen Termin vergessen und schrieb schneller als jedes andere Kaninchen. Außerdem schenkte sie Juli einen Bleistift, auf dem „Salat & Co." stand.

Und dann durfte Juli zum Chef.

„Neuer Mitarbeiter?", brummte Herr Gernegroß.

„Ja, aber nur ausnahmsweise", erklärte Papa. „Das ist mein Sohn."

„Julius Löwenzahn“, stellte Juli sich vor.
„Erwin Gernegroß“, antwortete der Chef und schüttelte Juli kräftig die Hand. „Willkommen in der Firma, Söhnchen. Dann mal ran an die Arbeit.“
Toll, jetzt durfte Juli hochoffiziell in den Außendienst!
Papa tauschte seinen Hut gegen eine lange grüne Schürze. Juli bekam natürlich auch eine Schürze um. „Spitzenmäßig“, sagte er. „Und wofür brauchen wir die?“
„Das zeige ich dir jetzt“, sagte Papa.
Zu Julis Erstaunen verließen sie die Firma durch den Hintereingang. Aha! Außendienst bedeutete also, dass man nicht IN der FIRMA, sondern AUSSERHALB arbeitete. Logisch.
Die beiden Löwenzahns hoppelten über einen Hügel und blickten plötzlich auf einen Garten. So einen wie der von Opa, nur dass dieser noch viel größer war.
Hier standen riesengroße und enorm lange Glashäuser. Eines neben dem anderen. Dahinter ragte ein Menschenhaus in den Himmel.

Papa buddelte sich in Windeseile an einer bestimmten Stelle unter dem Drahtzaun hindurch und winkte Juli, ihm zu folgen. Aber Juli wollte sich lieber selber unter dem Zaun hindurchgraben. „Guck, Papa, wie toll ich buddeln kann."
Papa guckte zwar, und er sagte auch „Toll!", aber er nahm Juli an die Hand und flüsterte: „Wir müssen hier im Außendienst ein bisschen vorsichtig sein, in Ordnung?"
„Klar", sagte Juli und schaute sich um.
Zwischen den langen Glashäusern waren ebenso lange Beete angelegt. Da standen Erbsen, Bohnen, ein paar Kürbisse und Kräuter herum.
Juli hätte wetten können, dass Papa dorthin wollte. Aber nein! Stattdessen schlüpfte er in eins der Glashäuser. Und das war randvoll mit Salatköpfen! In schnurgeraden Reihen wuchs da

einer neben dem anderen. Und einer war schöner als der andere. Grün und saftig sahen sie aus. Scheinbar kein Blatt war gelb oder irgendwie schrumpelig. Und merkwürdigerweise hatte keine einzige Schnecke an diesen Salaten genagt. In diesen Häusern gab es nämlich gar keine Schnecken.

„Das sind ja Supersalate", staunte Juli und konnte es kaum abwarten, Günther davon zu erzählen.
„Ja", nickte Papa. „Das ist der S21. Eine Spitzensorte. Wir suchen uns jetzt die schönsten aus, und dann ernten wir sie. Aber nur zwei, in Ordnung?"
„Alles klar", antwortete Juli. Und schon sauste Juli wie ein geölter Blitz zwischen den Salaten herum. Es dauerte auch nicht lange, da hatte Juli ein recht schönes Exemplar gefunden. Er pflückte es und schleppte es zu seinem Papa.
„Ist der gut?", fragte Juli.
Papa runzelte die Stirn. „Ist der nicht ein bisschen klein? Der hätte doch noch ein paar Tage wachsen können."
„Aber für kleine Leute ist er genau richtig", antwortete Juli.
„Donnerwetter", stimmte Papa zu. „Da hast du recht."
Schon war Juli wieder verschwunden, fand dieses Mal einen Sa-

latkopf, der an der Rückseite ein bisschen braun war. Er pflückte ihn und zeigte auch den seinem Papa. „Und?“, fragte Juli.

„Der hat eine braune Stelle, Juli“, sagte Papa. „Hast du das gar nicht gesehen?“

„Doch“, antwortete Juli. „Aber ich dachte, den will bestimmt keiner haben, mit der ollen Stelle dran. Das tat mir so leid. Und darum habe ich ihn mitgenommen.“

„Das hast du genau richtig gemacht“, sagte Papa. „Und ich glaube sogar, dass du deine Salatköpfe ausnahmsweise selbst behalten darfst, wie ich Herrn Gernegroß kenne.“

In diesem Augenblick betrat ein großer Mann das Gewächshaus. Er schien etwas zu suchen. Oder vielmehr … irgendwen.

„Das ist die nächste Schicht“, flüsterte Papa. „Wir haben jetzt Feierabend.“

Damit nahmen die beiden Löwenzahns ihre Ernte und verließen den Garten auf demselben Weg, auf dem sie gekommen waren. Juli durfte die beiden Salatköpfe, die er geerntet hatte, übrigens wirklich behalten. Sozusagen als Lohn für seinen ersten Arbeitstag. Da würde sich Mama sicher freuen.

Aber einen davon wollte er auf jeden Fall Günther schenken. Der mochte Salat nämlich auch.

Juli wird großer Bruder

Wochenlang hatte Juli auf sein neues Geschwisterchen gewartet und gewartet.
Jeden Morgen hatte er Mama gefragt: „Kommt das Baby heute?“
Und Mama hatte immer nur gesagt: „Heute nicht, Juli“, und hatte ihm, wie sie das immer machte, ein Küsschen auf den Kopf gedrückt.
Aber dann war plötzlich alles ganz schnell gegangen.
Abends hatte Mama Juli noch mit ihrem kugelrunden Bauch ins Bett gebracht, und am nächsten Morgen kam Papa schon rein und sagte: „Komm schnell, Juli. Du kannst dir Matti angucken.“
Matti, dachte Juli. Das Baby heißt also Matti.
Juli kletterte aus dem Bett und ging ins Schlafzimmer nebenan. Seine enorm vielen Schwestern waren auch schon da – und alle machten sie „Oh“ und „Ah“ und sagten: „Wie niedlich!“
Juli verstand diese Aufregung überhaupt nicht.

Mama lag in ihrem Bett. Ihr kugelrunder Bauch war verschwunden. Und da, wo Juli sich sonst neben ihr in die Kissen kuschelte, lag ein kleines, ein wirklich furchtbar kleines Kaninchen.

„Du kannst ruhig näher rangehen, mein Schatz", sagte Mama. Da ging Juli ganz nah ran und guckte das Baby an. Es war schrumpelig und machte nicht mal die Augen auf. Ja, eigentlich machte es überhaupt nichts. Es lag nur einfach da. Bei Mama.
„Na, was sagst du?", wollte Mama wissen.
„Hm", antwortete Juli. Weil er nicht wusste, was er sonst sagen sollte.

Dafür sagte Papa in diesem Moment: „So, jetzt braucht Mama Ruhe, und wir brauchen ein Frühstück. Also, Löwenzahn-Bande, alle raus hier und ab in die Küche."

Julis enorm viele Schwestern flitzten die Treppe hinab und nahmen die Müslischalen aus dem Schrank.

Juli flitzte natürlich auch. Aber dabei fragte er sich, warum Matti bei Mama im Schlafzimmer bleiben durfte. Wie sollte Mama sich denn da ausruhen? Immerhin machten Babys schrecklichen Lärm, das wusste doch jeder.

Später kamen dann Oma und Opa vorbei. Sie hatten sogar Geschenke mitgebracht.

Juli lief ihnen entgegen und streckte schon mal seine Arme aus.

„Guter Witz, Freundchen", lachte Opa.

Auch Oma lachte ... und ging einfach an Juli vorbei. Denn die Geschenke waren überhaupt nicht für Juli, sie waren für Matti! Denn Oma und Opa Löwenzahn waren herübergekommen, um ihr neues Enkelkind zu bestaunen.

Jetzt ist es aber genug, dachte Juli. Er wollte ja überhaupt keinen Witz machen. Er wollte, dass sich wieder irgendwer um ihn kümmerte. Er war doch Juli!

Sogar seine enorm vielen Schwestern beachteten ihn kaum. Sonst hatten sie immer mit Juli Pony und Teegesellschaft spielen wollen, auch wenn er gar keine Zeit hatte. Aber heute hüpften sie nur herum und redeten darüber, wie niedlich Matti war. Oder was Matti wieder Entzückendes mit der Nase gemacht hatte.

Matti, Matti, Matti!

Juli konnte das nicht mehr hören und lief hinaus, quer durch den Garten bis zum Bach hinunter. Dort warf er ein paar Steinchen ins Wasser und dachte: Blöde Matti!

Das heißt, eigentlich wollte Juli das denken. Aber er hatte es versehentlich wohl doch laut gesagt.

Denn plötzlich setzte sich Papa neben ihn auf einen Stein und legte Juli den Arm um die Schultern.

„Warum sagst du denn ‚blöde Matti‘?“

„Weil sie blöde ist“, sagte Juli. „Sie ist winzig klein, sie macht gar nichts Spannendes und … überhaupt.“

„Tja, besonders spannend sind ganz neue Babys wohl nicht“, lachte Papa. „Trotzdem heißt es, wenn überhaupt, ‚blöder Matti‘. Matti ist nämlich ein Jungen-Name.“

„Echt?“, staunte Juli und streckte seine Ohren pfeilgerade in die Luft. „Matti ist ein JUNGE?“

„Na klar“, sagte Papa. „Matti ist dein kleiner Bruder.“

„Dann“, überlegte Juli, „bin ich ja Mattis großer Bruder.“

„Genau“, antwortete Papa. „Überleg mal, ihr könntet richtige Jungen-Sachen spielen. Ihr könntet zusammen Regenwürmer retten oder auf das Weidegatter klettern. Ihr könntet alle Sachen

zusammen machen, zu denen deine Schwestern nie Lust haben."
„Ja!", rief Juli begeistert. Doch dann fiel ihm ein: „Mit Matti kann man gar nichts machen. Der schläft ja nur."
„Das bleibt doch nicht so", versprach Papa. „Du wirst schon sehen, im Handumdrehen ist Matti so groß wie du jetzt. Und bis dahin kannst du ihm die Dinge beibringen, die du schon kannst."

„Zum Beispiel Schleifebinden", schlug Juli vor.
„Das macht ja nun wirklich keiner besser als du", sagte Papa Löwenzahn.
„Soll ich Matti auch das Schwimmen beibringen?"
„Ach, damit sollten wir noch eine Weile warten", meinte Papa.
„Aber ich könnte Matti zeigen, wie man ein Loch buddelt", verkündete Juli.
„Unbedingt. Das sollte jeder Kaninchenjunge können", stimmte Papa zu. „Sollen wir uns Matti vielleicht doch noch einmal anschauen?"
Juli nickte, und an Papas Hand ging er ins Schlafzimmer zurück.
Mama hatte jetzt ein bisschen geschlafen.
Aber Matti lag nicht mehr mit im Bett. Er lag jetzt in seiner Wiege.
Die Löwenzahn-Kinder hatten alle in dieser Wiege gelegen. Natürlich nacheinander. Das hatte Opa erzählt, und Juli hatte es auf den alten Fotos gesehen. Dann wurde die Wiege

wieder auf dem Speicher verstaut. Und vor Kurzem hatte Opa sie dann hervorgekramt, neu gestrichen, und Oma hatte einen Himmel aus schönem Stoff dafür genäht. Das waren übrigens die Geschenke, die sie für Matti mitgebracht hatten.
„Gut, dass die für Matti waren", sagte Juli zu Mama. „'ne Wiege wollte ich ja sowieso nicht haben."
Dann streckte Mama die Arme nach Juli aus und zog ihn einfach zu sich unter die Decke.

„Hast du MICH denn auch noch lieb?", fragte Juli leise.
„Ich habe euch alle lieb", versprach Mama und drückte Juli ein Küsschen auf den Kopf, so wie sie das immer machte. „Das wird auch so bleiben. Nur, dass du jetzt nicht mehr mein kleiner, sondern mein großer Lieblingssohn bist."
Je öfter Juli das hörte, umso besser gefiel es ihm. Und eigentlich war so ein Baby doch ganz in Ordnung.
Plötzlich hatte Juli eine spitzenmäßige Idee. Er holte die Stoffente aus seinem Zimmer, die er einmal zu Weihnachten als Engelchen auf die Tannenbaumspitze gesetzt hatte, und legte sie neben Mattis Kopfkissen in die Wiege.
Juli hatte ja Oskar, und Matti brauchte schließlich auch ein eigenes Stofftier.
„Hallo, Matti", flüsterte Juli. „Ich bin dein großer Bruder."
Und da … machte Matti tatsächlich die Augen auf.

Juli zieht um

Auch wenn Juli sich darauf freute, Matti alles zu zeigen und zu erklären, waren plötzlich ganz viele Dinge anders als zuvor. Immerzu wollte Matti gefüttert werden, und dann hatten Mama und Papa keine Zeit für Juli. Manchmal stürmten alle aus dem Raum, weil Matti eine neue Windel brauchte.

Und um die Mittagszeit liefen alle auf Zehenspitzen, damit Matti in Ruhe schlafen konnte. Nachts war er dafür hellwach und krähte in seiner Wiege vor sich hin.

Mama und Papa Löwenzahn hatten seit Mattis Geburt keine einzige Nacht durchgeschlafen. Also brauchte Matti sein eigenes Zimmer.

Nun war es aber so, dass das jüngste Löwenzahn-Kind immer das Zimmer direkt neben dem Schlafzimmer von Mama und Papa bekam. Und da wohnte doch … Juli!

„Matti soll MEIN Zimmer haben?!“, rief Juli erschrocken, als Mama und Papa ihm beim Frühstück davon erzählten. „Aber ich kann doch nicht aus meinem Zimmer ausziehen. Da sind alle meine Sachen drin.“

„Deine Sachen nimmst du natürlich mit in dein neues Zimmer“, beruhigte ihn Mama. „Das findest du bestimmt ganz toll, du wirst schon sehen. Am Wochenende ziehst du in das erste Zimmer der Mädchen.“
„Ins Mädchenzimmer?“ Juli war entsetzt, obwohl das neue Zimmer ein ganzes Stück größer war als sein altes. Immerhin hatten die Mädchen zu dritt darin gewohnt. Sie sollten ein größeres Zimmer am Ende des Flurs kriegen. Und so wie es aussah, freuten sie sich schon sehr darauf.
Nur Juli fand die ganze Sache doof. Einfach doof.

„Was hast du denn?“, fragte Günther, als sie sich kurz darauf im Kindergarten trafen.
„Ich ziehe um“, brummte Juli übellaunig.
Günther verschluckte sich fast vor Schreck. „Ihr zieht weg? Weg vom Bach?“
„Ach Quatsch“, sagte Juli. „Ich soll nur in ein anderes Zimmer umziehen. Weil Matti das kleine braucht.“
„Und in welches Zimmer ziehst du dann?“, fragte Günther.
„Ins …“, Juli wollte das eigentlich nicht so gerne sagen, „ins erste Mädchenzimmer.“

Viele andere hätten jetzt bestimmt gekichert oder eine gemeine Bemerkung gemacht, weil Juli in ein Mädchenzimmer ziehen sollte.

Aber Günther fragte nur: „Das mit der Sitzbank unterm Fenster?"

„Hm", nickte Juli.

„Mann, das ist doch toll", rief Günther begeistert. „Das ist viel größer als dein altes Zimmer. Vielleicht müssen wir dann nach dem Spielen nicht mehr alle Bauernhoftiere wegräumen. Wir könnten sie einfach stehen lassen. Ist ja Platz genug."

Ja, daran hatte Juli noch gar nicht gedacht. Es war nämlich wirklich blöd, wenn Günther und er erst immer wieder alles aufbauen mussten, bevor sie mit dem Bauernhof spielen konnten. Manchmal war der Nachmittag schon halb vorbei, bis das letzte Huhn aufgestellt war. Und dann hatten sie noch gar nicht richtig gespielt.

DAS würde in dem neuen Zimmer anders werden. Plötzlich konnte Juli das Wochenende und den Umzug gar nicht mehr erwarten.

Donnerwetter, war das ein Gewühle im Kaninchenbau! Die Mädchen trugen ihre Sachen bereits in ihr neues Zimmer hinüber.

Papa und Opa hatten es frisch gestrichen, die Vorhänge umgehängt, und auch die Möbel standen schon an ihrem neuen Platz.

Wenn Julis Schwestern ihre letzten Bücher, Spielsachen und das Minigeschirr eingeräumt haben würden, dann sollte es in Julis Zimmer weitergehen.
Mama hatte zwar gesagt, dass Juli bei dieser Gelegenheit ein bisschen Gerümpel aussortieren könnte, aber das kam ja nun überhaupt nicht infrage. Julis Zeug war doch kein Gerümpel, sondern seine Kieselstein-Sammlung, seine Schneckenhaus-Sammlung und seine Kiste mit verschiedenen Federn. Die würde Juli sicher nicht wegtun. Er war ja froh, dass er das alles gefunden hatte!

Als Julis neues Zimmer so ganz und gar leer geräumt war, Donnerwetter, da sah es vielleicht groß aus!
„Hier könnte man glatt zwei Bauernhöfe aufbauen", überlegte Juli.
„Und 'ne Eisenbahn", schwärmte Papa.
„Lasst noch Platz für die Möbel", lachte Mama.
Dann nahm sie Juli auf den Arm und fragte: „Wie sollen wir die Wände streichen?"

„Grün“, rief Juli. Schon in seinem alten Zimmer waren die Wände grün gewesen, und sowieso war Grün seine Lieblingsfarbe. „Und meine Vorhänge will ich auch behalten.“

Das war ja klar. Immerhin hatte Oma diese Vorhänge extra für Juli genäht. Matti konnte ja seine eigenen bekommen.

Das mit dem Grün hatte Opa sich wohl schon gedacht. Denn da kam er schon mit zwei Farbeimern um die Ecke.

Und weil es so ein schöner Tag war, trocknete die Farbe in Julis neuem Zimmer im Handumdrehen.

Natürlich hatte Juli beim Streichen tüchtig geholfen. Und als Mama ihn dann in die Wanne steckte, um die grünen Flecken aus seinem Fell zu waschen, trugen Papa und Opa die Möbel herüber.

Jetzt mussten nur noch ein paar Bilder aufgehängt und die Spielsachen in die Regale geräumt werden.

Aber diese Dinge konnte man auch am nächsten Tag noch in aller Ruhe erledigen. Hauptsache, Julis Bett stand an der richtigen Stelle, Oskar war da und Juli dachte daran, dass er von nun an eine Tür vorher einbiegen musste.

Kurz vor dem Schlafengehen guckte Juli noch mal in sein altes Zimmer. So leer sah es ganz anders aus, gar nicht mehr wie

Julis gemütliches Zimmer. Das war irgendwie ein bisschen traurig, fand Juli. Aber er war immer gern hier gewesen, und darum sagte er ganz leise: „Mach's gut, Zimmer."
Dann brachte Mama ihn ins Bett – in seinem neuen Zimmer natürlich –, las ihm eine Geschichte vor und machte das Licht aus.
Doch Juli fühlte sich plötzlich gar nicht mehr wohl. Jetzt hatte er zwar mehr Platz, sein neues Zimmer gefiel ihm auch, aber ... aber irgendetwas stimmte noch nicht. Nur was?
Da hatte Juli eine Idee. Er stand auf, machte das Fenster einen winzigen Spalt auf ... und hörte draußen den Bach plätschern. Das ist es!, dachte Juli zufrieden. Ein paar Dinge müssen eben schon so bleiben, wie sie immer waren.

Übernachtungsbesuch

Juli und Günther hatten Opa geholfen, den Kompost unterzugraben. Das war eine enorme Plackerei gewesen und hatte den ganzen Freitag gedauert.
Aber als Belohnung durften sich Juli und Günther jeder ein neues Tier für den Bauernhof aussuchen.
Günther nahm einen Esel, und Juli einen Hahn. Ein Hahn fehlte ihm nämlich noch.
„Mann, damit können wir prima spielen", sagte Günther, als sie mit ihren Figuren vom Laden zurückkamen.
Aber leider war es inzwischen schon so spät, dass Günther eigentlich nach Hause musste. Also würden sie die Tiere erst morgen früh ausprobieren können. Aber so lange wollten die Freunde nicht warten. Immerhin hatten sie ihre Bauernhoftiere ja HEUTE neu bekommen. Juli dachte kurz nach und hatte eine spitzenmäßige Idee. „Wenn du bei mir schläfst", erklärte er, „könnten wir bis zum Schlafengehen spielen."
„Klar", sagte Günther begeistert. „Ich muss aber erst meine Mama fragen."

„Na, ich auch“, sagte Juli.
Das war beides schnell erledigt. Denn natürlich durfte Günther bei den Löwenzahns übernachten. Das hatte er schon oft getan. Seine Mama brachte nur noch eine Tasche mit Schlafsachen und fragte, ob Günther auch bestimmt nicht störte.
Juli wusste nicht, was das bedeuten sollte. Günther konnte gar nicht stören. Er war doch Günther!
Und dann ging es los. Zuerst schleppte Papa die Matratze in Julis Zimmer und baute damit Günthers Gästebett. Und weil Julis neues Zimmer ein Stück größer war als sein altes, hatten die beiden Freunde trotzdem noch genug Platz, um den ganzen Bauernhof aufzubauen.

Juli gab sich bei dem Hühnerhof natürlich besondere Mühe. Er bastelte sogar einen kleinen Misthaufen, auf dem sein neuer Hahn sitzen und krähen konnte.
Günther hatte seinen Esel mit auf die Pferdeweide gestellt. Esel haben nämlich gern Gesellschaft. „I-ah“, machte der Esel leise. Das heißt, eigentlich machte Günther „I-ah“ und tat so, als ob es der Esel wäre.

„Da ist mein Hahn aber lauter“, sagte Juli. Zum Beweis rief er: „Kikeriki!“

Dann machten sie „Määh!“ wie die Schafe, gackerten wie die Hühner, grunzten wie ein Schwein und muhten wie eine ganze Kuhherde.

Wenn du in diesem Augenblick an Julis Tür vorbeigegangen wärest, dann hättest du bestimmt geglaubt, mitten auf einem echten Bauernhof zu sein.

Und so ging es noch bis zum Abendessen weiter.

Am Tisch alberten die beiden dann mit Julis enorm vielen Schwestern herum, Günther durfte Matti mal halten, und zum Schluss nahmen Juli und er noch einen Becher Kakao mit ins Zimmer.

Dort konnten sie praktischerweise gleich weiterspielen. Nur Tiergeräusche durften sie jetzt keine mehr machen, weil Matti schlafen sollte.

„Wir wollten die Tiere sowieso gerade in den Stall bringen“, sagte Juli.

Alle Tiere kamen in ihre Boxen, die Hühner in ihre Nester, und die Katze schlüpfte ins Bauernhaus. Dann war alles still.

Juli und Günther setzten sich auf die Sitzbank unterm Fenster und guckten ein großes Bilderbuch an. Das handelte natürlich ebenfalls von einem Bauernhof.

„Willst du mal Bauer werden, wenn du groß bist?“, fragte Günther.

„Mal sehen“, antwortete Juli. Er fand sein Bilderbuch über große Segelschiffe nämlich auch spitzenmäßig. Er holte es und zeigte Günther sein Lieblingsbild darin. „Vielleicht befahre ich auch die sieben Weltmeere. Das habe ich noch nicht entschieden."

„Ich auch nicht", sagte Günther. „Vielleicht werde ich Pilot."

„In einem Flugzeug?", staunte Juli. Er hätte nie gedacht, dass ausgerechnet Günther in die Luft aufsteigen wollte. Flugzeuge waren verflixt schnell.

Tatsächlich schüttelte Günther den Kopf und erklärte: „Quatsch, doch kein Flugzeug. Ich fahre mit einem Ballon. Mann, das muss toll sein! Stell dir das mal vor."

Das tat Juli sofort. Er breitete die Arme aus und begann, durchs Zimmer zu „schweben". Günther machte mit. Es war ganz ruhig hier oben, und weit unter ihnen glitt die Landschaft vorbei.

„Da ist unser Bauernhof“, sagte Juli und zeigte nach unten.
„Von hier oben sieht er fast wie Spielzeug aus“, stellte Günther fest. Und Juli lachte.
Dann flogen sie weiter über Günthers Gästebett. Das sah von hier oben wiederum wie ein stürmisches Wasser aus. Mama hatte Günther nämlich einen blau gemusterten Bettbezug gegeben.

Mutig segelten die beiden Freunde über das Wasser.
Sie entdeckten eine Insel, fremde Schiffe – und der Buckel dort, ja, das konnte glatt ein riesiger Wal sein.
Aber was war das denn? In Julis Fernglas tauchten plötzlich zwei komische lange Dinger auf. Sie waren weiß, irgendwie fusselig und … eins von ihnen klopfte auf den Boden. Ach, das waren ja Papas Füße!
„Habt ihr mich denn nicht gehört?“, fragte Papa. „Ich habe schon zweimal nach euch gerufen.“
„Wir konnten dich gar nicht hören“, erklärte Juli.
„Wir sind doch in einem Ballon durch die Luft gefahren“, fügte Günther hinzu.
„Ach so“, nickte Papa. „Dann konntet ihr mich wohl wirklich nicht hören. Aber vielleicht könntet ihr jetzt zur Landung ansetzen. Es ist gleich Schlafenszeit.“
Juli wusste aus Erfahrung, dass Papa und Mama in diesem Punkt nicht mit sich handeln ließen.
Schlafenszeit hieß: Zähne putzen, Geschichte vorlesen und dann wurde das Licht ausgemacht. Juli und Günther waren zwar noch nicht zur See gefahren, aber dafür las Papa ihnen eine Seefahrer-Geschichte vor. Das war fast genauso gut.
Als die beiden Freunde dann nebeneinander in ihren Betten

lagen, waren sie furchtbar müde. Aber eine Sache wollte Günther doch noch wissen. „Kann man durch dein neues Zimmerfenster eigentlich genauso gut hinausklettern wie durch das alte?“, fragte er besonders leise.
„Keine Ahnung“, flüsterte Juli und gähnte. „Das probieren wir gleich morgen aus.“

Ein Juli steht im Walde

Oma und Opa Löwenzahn wohnten gleich nebenan. Das weißt du ja.

Aber Juli hatte noch einen zweiten Opa und natürlich auch noch eine zweite Oma. Nämlich Mamas Eltern. Sie hießen „Bärlauch“ und wohnten mitten im Wald.

Juli hatte sie erst ein einziges Mal dort besucht. Aber da war er noch so klein gewesen, dass er sich überhaupt nicht erinnern konnte.

Jetzt waren Oma und Opa Bärlauch angereist, um Matti zu begrüßen.

Das ganze Wochenende hatte Opa Bärlauch Juli vom Wald erzählt. Da gab es nämlich die unglaublichsten Geschichten. Sehr schöne, aber auch solche, die echt unheimlich waren.

„Der Wald“, sagte Juli. „Mann, den möchte ich auch mal sehen.“

„Na, dann komm doch einfach mit“, schlug Opa Bärlauch vor. „Ich könnte dir ein paar Tage lang den Wald zeigen. Und wenn du nach Hause möchtest, holen Mama und Papa dich wieder ab.“

Die Idee war so spitzenmäßig, dass Juli vermutlich jeden Augenblick selber darauf gekommen wäre. Tja, und weil der Feld-Wald-und-Wiesen-Kindergarten sowieso gerade Ferien machte, verreiste Juli mal eben in den Wald.

Über die Hügel und durch die Heide konnten Oma, Opa und Juli noch mit dem Fahrrad fahren. Als aber die ersten dicken Baumwurzeln den Weg versperrten, mussten sie zu Fuß weitergehen.

Je tiefer sie in den Wald hineingingen, umso dichter standen die Bäume zusammen. Ihre Kronen bildeten ein dichtes Dach, und schon bald tröpfelte nur noch hier und da ein wenig Sonnenlicht in die dämmrige Stille hinab.

Juli war noch lange nicht fertig damit, sich staunend umzublicken, als er zwischen Farnen und Moos eine Haustür entdeckte.

„Hier wohnen wir“, erklärte Oma. „Aber ihr möchtet bestimmt lieber sofort den Wald anschauen, oder?“

Juli und Opa nickten. Und ohne noch eine Sekunde zu verlieren, zogen die beiden los.

Juli bewunderte die Bäume, die wie knorrige Riesen über ihm aufragten. Er konnte natürlich Buchen, Eichen, Birken, Ulmen oder Kastanien und sogar Tannen und Kiefern unterscheiden, jedenfalls solange sie Blätter hatten.

Nur hingen die Blätter leider meistens verflixt weit oben.

Viel zu hoch für ein kleines Kaninchen.

Darum zeigte Opa Juli, dass man die verschiedenen Baumarten auch an ihrer Rinde erkennen konnte. Eichenrinde zum Beispiel war ganz zerfurcht und sah aus wie ein winziges Gebirge mit

Höhen und tiefen Tälern. Und in diesen Tälern wiederum lebten unzählige kleine Tiere. Juli konnte einen Käfer entdecken. Und der war gar nicht so klein!
Opa schlenderte kreuz und quer die Pfade entlang, schlüpfte durch einen Busch und bog dann zielstrebig hinter einem Bächlein ab.
„Du, Opa, verläufst du dich denn auch mal?“, fragte Juli gespannt.

„Nie“, erklärte Opa und deutete auf einen Baumstamm, der an einer Seite dicht mit Moos bewachsen war. „Siehst du? Das Moos wächst immer auf der feuchten Wetterseite.“
„Das ist Norden“, sagte Juli, und Opa strich ihm stolz über die Ohren.
„Stimmt. Wenn du darauf achtest, kannst du schon mal nicht im Kreis laufen. Wir wohnen übrigens am südlichen Waldrand.“
Opa zeigte Juli, dass Pilze in Kreisen wuchsen und dass man einen großen Bogen um Ameisenhaufen machen sollte.
Sie trafen einen Feuersalamander im feuchten Sternmoos. „Das du übrigens nie mit Lebermoos verwechseln solltest“, sagte Opa.
„Alles klar“, versprach Juli und guckte einer Weinbergschnecke hinterher, die auf eine große Lichtung zukroch.
Juli hörte Opa noch sagen, dass die Lichtung im Sommer immer mit Erd- und Blaubeeren übersät war, aber da gab es noch so viele aufregende Dinge, die Juli nicht kannte und die er unbedingt anschauen wollte, dass er gar nicht weiter zuhörte. Und als Juli endlich wieder aufblickte … war Opa verschwunden.

„Opa?!“, rief Juli. Aber unglücklicherweise kann man im Wald wegen all der Bäume nicht nur schlecht sehen, sondern auch nicht besonders gut hören. Sogar, wenn man die Ohren pfeilgerade in die Luft strecken konnte.

Trotzdem rief Juli noch einmal nach Opa und wurde sofort von einem Waldkauz angemotzt, der seine Ruhe haben wollte. Juli schlug das Herz bis zum Hals, und als wenn das nicht schlimm genug gewesen wäre, rauschte es dabei so laut in seinen Ohren, dass er jetzt gar nichts mehr hörte. „Mist“, sagte Juli. „Was mache ich denn jetzt?“

Mama sagte immer, dass Juli einfach bleiben sollte, wo er war, wenn sie sich in der Stadt verlaufen hatten. Sie würde dann den Weg zurückgehen und ihn finden.

Aber Opa Bärlauch hatte womöglich noch gar nicht bemerkt, dass Juli nicht mehr hinter ihm herlief. Vermutlich erklärte er gerade, dass Eichhörnchen und Haselmäuse Nüsse auf vollkommen unterschiedliche Weise knackten oder dass Zunderschwämme über dreißig Jahre alt werden konnten, was wirklich enorm war für einen Pilz.

Juli musste Opa schnellstens wiederfinden. Sonst würde er alle die spannenden Erklärungen ja verpassen!
Auf einmal knackte es hinter ihm, und irgendwo in der Tannenspitze rief ein unbekannter Vogel. Es wäre also vollkommen in Ordnung gewesen, wenn ein kleines Kaninchen wie Juli sich in dieser Situation gefürchtet hätte. Aber wenn er sich nicht fürchtete, konnte Juli viel besser nachdenken, also beschloss Juli, mit dem Angsthaben erst einmal noch zu warten.
Opa hatte ihm doch einen Trick verraten, wie man sich eben NICHT im Wald verlaufen konnte. Erinnerst du dich?
Richtig: Juli umrundete den nächsten Baum, entdeckte das Moos und wusste daher, wo Norden war und auch, in welche Richtung er NICHT gehen sollte. Denn Oma und Opa wohnten schließlich am südlichen Waldrand.

Also stapfte Juli los, folgte einem Trampelpfad und zwängte sich durch nicht besonders dichtes Weißdorngestrüpp.
Tja, und ob du es glaubst oder nicht, da stand Juli doch tatsächlich direkt vor der kleinen Haustür.
Oma und Opa warteten schon auf einer Steinbank vor dem Haus auf ihn.
„Wo warst du denn?“, wunderte sich Opa, als Juli durch die Zweige stolperte.
Juli wollte natürlich nicht zugeben, dass er sich nur drei Meter von zu Hause entfernt beinahe verlaufen hatte. „Och, ich habe nur den Moos-Trick ausprobiert, den du mir gezeigt hast“, erklärte er.
„Und?“, fragte Opa.
„Der funktioniert spitzenmäßig“, antwortete Juli.
Er stromerte übrigens noch eine volle Woche durch den Wald. Mal mit Oma, dann mit Opa oder mit beiden. Er lernte vieles und entdeckte noch mehr. Nur verlaufen hatte Juli sich natürlich nicht noch einmal.

So ist das Leben eben

In Julis neuem Zimmer war zwischen der Tür und dem Fenster so viel Platz für Regale, dass Papa und Opa gleich eins gebaut hatten.
Jetzt konnte Juli seine Bilderbücher ordentlich in ein Regalfach sortieren. Und gleich zwei Fächer brauchte er für seinen Bauernhof.
Aber in dem unteren Regalfach stand ein merkwürdiger Kasten. Der war ganz aus Glas und fast bis zum Rand mit Wasser gefüllt. Kies bedeckte den Boden, ein paar Steine und Wasserpflanzen machten das Ganze komplett.
Na, du hast sicher längst erraten, dass der Kasten ein Aquarium war!
Und das Aquarium war das Zuhause von Flossi, dem Goldfisch.
Ursprünglich hieß Flossi gar nicht Flossi, sondern Blubb.
Juli war nämlich noch ganz klein gewesen, als er den Fisch von Oma und Opa bekommen hatte. Und weil Juli damals noch nicht so viele Worte sagen konnte, sagte er eben „Blubb“. Und schon nannten alle den Fisch „Blubb“.

Erst als Juli dann in den Kindergarten ging, beschloss er, Blubb in „Flossi“ umzutaufen. Schließlich war Juli ja jetzt kein Baby mehr.
Wie alle Fische redete Flossi nicht viel. Meistens schwamm er einfach in seinem Aquarium herum. Hin und wieder machte er einen Ausflug an die Oberfläche, oder er versteckte sich hinter einem Stein. Im letzten Jahr hatte Flossi eine der Wasserpflanzen ausgebuddelt. Versehentlich, natürlich.
Aber wenn Juli sehr vorsichtig an die Scheibe tippte und wenn Juli dann auch noch die gelbe Futterdose in der Hand hatte, dann kam Flossi sofort angeflitzt.
Juli fütterte Flossi jeden Morgen noch vor dem Frühstück. Das hatte er noch niemals vergessen. Nie! Und sofort, wenn Juli aus dem Kindergarten kam, guckte er natürlich als Erstes nach Flossi.
Das wollte Juli auch heute tun. Er pfefferte nur noch eben schnell seinen Rucksack in die Ecke und wollte gerade in sein Zimmer flitzen, als Mama sagte: „Warte mal, mein Schatz. Ich muss dir etwas sagen.“

Obwohl sie das bestimmt nicht wollte, klang Mama ganz komisch.
Da wusste Juli, dass irgendetwas nicht in Ordnung war, und er bekam Angst.
Mama hockte sich vor ihn und sagte: „Juli, mein Schatz, Flossi ist heute Morgen gestorben."
„Was ist denn ‚gestorben'?", fragte Juli.
„Das heißt, dass jemand tot ist", erklärte Mama.
Was das bedeutete, wusste Juli. Günther und er hatten nämlich mal eine tote Meise auf der Wiese gefunden. Sie lag einfach so da … wie ein Stein. Das war damals wirklich ziemlich merkwürdig gewesen. Aber Juli hatte die Meise ja nicht gekannt und das Ganze bald wieder vergessen.
Mama hatte Flossi in eine kleine Kiste getan und ihn mit einem Taschentuch zugedeckt. Vorsichtig nahm sie das Tuch hoch, damit Juli Flossi noch einmal anschauen konnte. Er sah eigentlich so aus wie immer. Nur, dass er sich nicht bewegte.

„Kann ich Flossi anfassen?“, fragte Juli. Eigentlich wollten Fische nämlich nicht so gerne angefasst werden.
„Klar“, sagte Mama. „Das stört ihn jetzt nicht mehr.“
Tja, da stand Juli nun mit dem Kistchen in der Hand und guckte Flossi an. Und da wurde ihm klar, dass die schöne Zeit mit seinem schuppigen Freund jetzt zu Ende war.
Flossi würde nie wieder angeflitzt kommen, wenn Juli an die Scheibe tippte, und Juli würde seinen Flossi auch nie wieder füttern. Das war alles vorbei.
Plötzlich hatte Juli einen dicken Kloß im Hals. Er schluckte zweimal, und dann musste er ganz einfach weinen.
Mama nahm Juli ganz fest in die Arme und drückte ihn.
Das half ein bisschen.
Trotzdem weinte Juli noch weiter, bis seine enorm vielen Schwestern und Papa zum Mittagessen nach Hause kamen. Natürlich waren auch sie traurig, und sie würden Flossi sehr vermissen.
Als alle so still und stumm am Tisch saßen, essen konnten sie vor lauter Traurigsein kaum, da fiel Juli plötzlich etwas ein.
„Was machen wir denn jetzt mit Flossi?“, fragte er. Flossi konnte ja nicht einfach so in dem Kistchen liegen bleiben.
„Wir sollten ihn begraben“, schlug eine der enorm vielen Schwestern vor.
Und schon versammelten sich sämtliche Löwenzahns draußen im Garten, wo Opa ein kleines Loch aushob.
Mama legte Flossi hinein und deckte ihn wieder mit dem Taschentuch zu.
Juli fragte sich, was jetzt passieren würde.
Da sagte Mama: „Möchtest du noch etwas zu Flossi sagen?“

Juli nickte. Er trat einen Schritt vor, guckte in das Loch und sagte: „Du warst der beste Fisch überhaupt.“ Schon wieder hatte Juli diesen verflixten Kloß im Hals. Darum konnte er nicht so laut sprechen. Und darum verstanden die anderen auch nicht, was Juli gesagt hatte. Aber das war ja sowieso nur für Flossi bestimmt.

Opa schaufelte das Loch dann zu und legte einen hübschen, ziemlich großen Stein darauf. Damit Juli nicht vergaß, wo Flossi lag.

Am Abend dieses Tages ging Juli noch einmal in den Garten hinaus und setzte sich neben Flossis Stein ins Gras.

Opa war ebenfalls im Garten und setzte sich zu ihm.

„Warum ist Flossi gestorben?“, fragte Juli. Ehrlich gesagt konnte er das nämlich nicht so richtig verstehen.

„Nun, er hatte sein Leben einfach hinter sich“, antwortete Opa. „Und da hat er für neue Fische Platz gemacht.“

„Aber ich wollte ja gar keinen neuen Fisch“, überlegte Juli.

„Das ist eigentlich nicht wichtig“, sagte Opa. „So läuft das eben. Die Alten machen irgendwann für die Jungen Platz. Sonst wäre es schon bald ganz schön voll auf der Welt, nicht wahr?“

„Vielleicht“, sagte Juli. „Aber ich bin trotzdem traurig, dass Flossi nicht mehr da ist.“

„Das ist schon in Ordnung“, meinte Opa. Und dann sagte er noch: „Flossi wird nie ganz fort sein. Solange du ihn nicht vergisst.“

„Ich habe Flossi noch niemals vergessen“, sagte Juli. Dann legte er die Hand auf den Stein und versprach: „Und ich werde auch jetzt ganz sicher nicht damit anfangen.“

Endlich ein Baumhaus

Vielleicht erinnerst du dich noch daran, dass Juli mal in einen Baum geklettert ist, um eine besonders hübsche Feder einzusammeln?

Das war damals ziemlich gefährlich gewesen, und Juli hatte seine Familie in helle Aufregung versetzt.

Danach hatten Papa und Juli beschlossen, erst einmal kein Baumhaus zu bauen, obwohl sie es bis dahin fest vorgehabt hatten.

Aber immer, wenn Juli und Papa an einem schönen Tag im Gras unter der Eiche lagen und in das Gewirr aus Blättern, Ästen und Zweigen hinaufguckten, stellten sie sich vor, wie schön man da oben wohnen könnte.

Eines Tages lagen Juli und Papa wieder im Gras und schauten in die Krone der Eiche hinauf. Papa sagte leise: „Hm.“

Und wie das manchmal so ist, wenn zwei das Gleiche denken, wusste Juli ganz genau: Jetzt würden sie ihr Baumhaus bauen.

Und so verschwanden Juli und Papa in die Werkstatt, um sich gleich an die Arbeit zu machen. Das wiederum lockte Opa an, und schon saßen sie zu dritt über ihren Plänen zu dem Baumhaus.

Es war ein Glück, dass Juli am nächsten Morgen nicht in den Kindergarten musste, denn die Arbeiten in der Werkstatt dauerten bis spät in den Abend hinein.

Als Oma Opa zum Abendessen abholen wollte, sagte Opa: „Ich kann hier jetzt nicht weg. Vielleicht bringst du uns ’ne Kleinigkeit rüber, meine Liebe?“

Und Mama hatte schon zweimal darauf hingewiesen, dass Juli eigentlich ins Bett gehörte.

Aber Papa sagte nur: „Dafür haben wir jetzt keine Zeit.“

Donnerwetter, war das eine Aufregung! Und Juli war wirklich nicht müde. Ganz im Gegenteil.

Immer wenn Opa sagte: „Bring mir doch mal ’ne Zehnerschraube“, dann flitzte Juli los und holte sie.

Papa hatte ein ganzes Regal voller Gläschen, Dosen und Kartons, in denen Schrauben, Unterlegscheiben, Muttern, Nägel und so weiter sortiert waren. Und endlich durfte Juli nach Herzenslust darin herumsuchen. Das war spitzenmäßig.
Am Ende hatte Juli sogar einen Nagel fast gar nicht krumm in ein Brett geschlagen.
„Du bist wirklich ein richtiger Handwerker", sagte Papa stolz und strich Juli über die Ohren.
Aber ein Baumhaus kann man nicht an einem einzigen Tag bauen, und schließlich war es so spät, dass die drei Löwenzahns doch schlafen gehen mussten. Aber natürlich wollten sie gleich am nächsten Morgen weitermachen!

Juli glaubte, er würde nie und nimmer einschlafen können. Immerzu musste er an das Bohren und Hämmern denken. Er hatte auch noch immer den Duft des frisch gesägten Holzes in der Nase. Und morgen, ja morgen würden Papa, Opa und er die vorgefertigten Teile in den Baum hinaufziehen und zu einem echten Baumhaus zusammensetzen.
„Das wird spitzenmäßig", flüsterte Juli und schlief schließlich doch ein.
Aber kaum lugte die Sonne am nächsten Morgen ein ganz kleines bisschen über den Hügel hinter der Schafweide, schwups, da war Juli schon aus dem Bett, schlich ins Schlafzimmer und zupfte an Papas Kopfkissen.
„Papa", rief Juli. „Aufwachen!"
Komisch, dass sein Papa noch nicht wach war, dachte Juli. Er musste doch mindestens genauso aufgeregt sein wie Juli selbst.

Immerhin wollte Papa doch schon immer ein Baumhaus bauen. Juli musste nur noch zweimal zupfen, dann war sein Papa endlich wach.

Opa erwartete sie bereits in der Werkstatt, und so konnte man unten am Bach schon vor dem Frühstück drei Kaninchen in der Eiche herumklettern sehen. Die Vögel waren darüber so verdutzt, dass sie glatt ihren Morgengesang vergaßen.

Und als Oma mit einem Tablett voller Brötchen und Teebechern vor die Tür trat, da war oben in der Eiche tatsächlich schon so etwas wie ein Haus mit Stützbalken darunter zu erkennen.

Juli hätte zwar lieber oben im Baum mitgeholfen, aber vorerst wurde er am Boden gebraucht. Er sauste zwischen der Werkstatt und Eiche hin und her, um die passenden Nägel oder Schrauben zu holen. Das war natürlich eine ungeheuer wichtige Aufgabe.

Auch Julis enorm viele Schwestern waren aufgeregt, denn sie wollten das neue Baumhaus mit hübschen Teppichen und geblümten Gardinen schmücken.

Oma half ihnen beim Nähen, und Mama kam mit Matti heraus, um sich die Fortschritte von allem anzusehen.

Dann schien es plötzlich irgendwelche Schwierigkeiten mit dem Baumhaus zu geben.

Papa versuchte nämlich, auf das Dach des Baumhauses zu gucken. Dann diskutierte er mit Opa, und beide schüttelten die Köpfe.

„Was ist denn los?“, rief Mama.

„Wir haben den Dachabschluss vergessen“, antwortete Papa.

„Meine Arme reichen nicht bis dahin. Und um auf das Dach zu klettern, sind wir zu schwer."

„ICH kann das machen", rief Juli begeistert. Und bevor noch irgendjemand etwas sagen konnte, kletterte er so schnell die Strickleiter hinauf, dass man ihn statt für ein Kaninchen glatt für ein Eichhörnchen hätte halten können.

„Also, was soll ich machen?", fragte Juli, als er neben Papa im Baumhaus stand.

Papa hielt ihm den Dachabschluss hin.
So eine Art quadratischer Bauklotz mit
einer schönen Spitze oben dran. Der
sollte genau in die Mitte des Dachs gesetzt
werden. Aber dafür musste eben jemand aufs
Dach klettern, der klein genug war und natürlich
sehr gut klettern konnte.
„Du musst das aber nicht machen", sagte Papa zu Juli.
Denn es war da oben schon ganz schön hoch, und jeder
hätte verstanden, wenn Juli sich womöglich gefürchtet
hätte.
Allerdings versprach Papa, dass er Juli ganz fest halten würde.
Und außerdem leinte Opa ihn auch noch an.
Also verkündete Juli: „Ach, ich mach das Haus mal eben fertig."
Tja, das tat Juli dann auch. Alle kamen zum Staunen herauf.
Und später versammelten sich alle Löwenzahns in ihrem neuen
Baumhaus zur Einweihungsfeier.
Noch später wollten dann alle, auch Opa, ins Bett gehen. Es
hatte nämlich angefangen zu regnen.
Aber das störte Juli und Papa nicht. Die beiden schliefen in dieser Nacht in ihrem Baumhaus. Und weil Juli so wunderbar
geholfen hatte, wurden sie dabei nicht einmal nass.

Juli bekommt eine Zahnlücke

Ganz vorne in seiner Kaninchenschnauze hatte Juli zwei große weiße Nagezähne. Das waren die wichtigsten, hatte Opa gesagt, denn die hatte ein Kaninchen ein Leben lang. Und Juli sollte sie immer schön blitzeblank putzen.

Hatte er auch getan. Nach jedem Essen und vor dem Schlafengehen hatte er seine Zähne immer gründlich geputzt. Juli hatte auch bestimmt nicht zu viele Süßigkeiten geknabbert. Und natürlich machte er nie und nimmer so einen Unsinn, wie den Verschluss einer Tube mit den Zähnen zu öffnen. Nein, Juli passte immer schön auf seine Beißerchen auf. Trotzdem passierte eines Morgens etwas ganz Merkwürdiges.

Juli stand zunächst einmal auf, wusch sich und setzte sich an den Frühstückstisch. Genau wie immer.

Als er dann aber sein Müsli löffelte, fühlte sich irgendetwas merkwürdig an.

Allerdings erzählte eine der enorm vielen Schwestern gerade eine so spannende Geschichte über Dinosaurier, dass Juli das merkwürdige Gefühl beim Kauen einfach vergaß.

Aber als er dann beim Zähneputzen mit der Bürste seine Zähne schrubbte, da konnte es keinen Zweifel mehr geben. Einer wackelte. Der rechte neben den großen Nagezähnen, von Juli aus gesehen.
Juli ließ vor Schreck sofort die Bürste fallen und lief in die Küche hinunter.
„Mama!“, rief er. „Mama, Mama, mein Zahn wackelt!“
Aber war Mama so erschrocken wie Juli selber? Rief sie etwa: „Um Himmels willen, wie konnte das passieren?“ Nein, sie räumte in aller Ruhe den Tisch ab und … sie lachte sogar! Juli verstand die Welt nicht mehr. Immerhin waren seine Zähne furchtbar wichtig.
Und nun sollte einer davon einfach so ausfallen? Wie sollte er dann in Zukunft denn seine Möhren knabbern, bitte schön?

Der wackelnde Zahn tat zwar nicht weh. Aber trotzdem handelte es sich hier um eine wirkliche Katastrophe! Das sagte Juli auch. Zweimal.

Mama lachte immer noch. Sie beugte sich zu Juli hinunter und guckte sich die Sache genau an. Schließlich strich sie ihm über die Ohren und sagte: „Du musst dir keine Sorgen machen, mein Schatz. Das sind doch nur die Milchzähne.“

„MILCHzähne?!“, staunte Juli und tippte vorsichtig gegen seinen Wackelzahn. So ein komisches Wort hatte er ja nun noch nie gehört.

„Das haben alle kleinen Kinder“, erklärte Mama weiter. „Vögel, Frösche, Schildkröten und so weiter natürlich nicht. Die haben gar keine Zähne. Aber wir haben neben unseren Nagezähnen zuerst einmal Milchzähne. Und die fallen dann irgendwann aus, um für die richtigen Zähne Platz zu machen.“

„Und wann fallen diese richtigen Zähne aus?“, überlegte Juli weiter.

„Hoffentlich niemals“, lachte Mama. „Nach den Milchzähnen gibt es nämlich nur noch ein Gebiss. Darum wollen wir auf deine neuen Backenzähne schön aufpassen, genau wie auf deine

Nagezähne. Und nun hör auf, ständig an deinem Wackelzahn herumzufummeln. Der fällt schon raus, wenn es so weit ist."

Tja, das war leicht gesagt. Aber Juli konnte an gar nichts anderes mehr denken als an seinen Zahn.

Und darum tippte er alle paar Sekunden dagegen, um zu sehen, ob er vielleicht schon etwas mehr wackelte. Immerhin brauchte er ja jetzt keine Angst mehr zu haben.

Juli tippte gegen seinen Zahn, als er in sein Zimmer flitzte, um seinen Kindergartenrucksack zu holen.

Dann tippte er noch einmal gegen seinen Zahn, damit Oskar ihn sich angucken konnte.

Auf dem Weg zum Kindergarten tippte Juli gleich dreimal gegen seinen Zahn, weil der Weg ganz schön lang war.

Und als Juli im Feld-Wald-und-Wiesen-Kindergarten schließlich seine Freunde traf, was meinst du wohl, wie groß das Staunen und die Aufregung waren!

Alle starrten fasziniert auf den Wackelzahn, den Juli natürlich stolz präsentierte.

„Mann, Juli passieren doch immer die besten Sachen", stellte Günther fest. Denn wie Mama Löwenzahn ja schon gesagt hatte, haben Schildkröten gar keine Zähne. Also können sie auch keine verlieren, was Günther in diesem Moment ein bisschen gemein fand. Klara und Arne fragten Juli immerzu, wann der Zahn denn nun ausfallen würde. Sie konnten gar nicht mehr in Ruhe spielen!

Frau Primel sagte dann noch, dass Julis Milchzahn der erste Wackelzahn im gesamten Feld-Wald-und-Wiesen-Kindergarten war. Das musste selbstverständlich gefeiert werden.
Und so beschlossen alle gemeinsam, eine hübsche Schachtel für Julis Zahn zu basteln. Wenn der dann tatsächlich ausgefallen wäre, könnte Juli ihn in die Schachtel tun und auch alle Milchzähne sammeln, die noch folgen würden.
Juli fragte sich zwar, was er mit einer Schachtel voller Zähne

anfangen sollte, aber wegschmeißen wollte er seinen Zahn auch nicht einfach so. Immerhin war es ja SEIN Zahn! Jedenfalls kam schon bald die Zeit fürs Kindergarten-Frühstück, und Julis Zahnschachtel war noch immer nicht fertig. Denn die Schachtel musste innen noch besonders schön gepolstert werden.

In all der Aufregung hatte Juli vollkommen vergessen, hin und wieder gegen seinen Zahn zu tippen, um zu kontrollieren, wie fest er denn wohl noch sitzen mochte. Hätte er das doch nur mal getan!

Denn als Juli in sein Apfelschiffchen biss und wirklich keine Sekunde lang an den Wackelzahn dachte, da machte es plötzlich „Knack" – und der Zahn … steckte im Apfel. Ja, und da wo er vorher gesessen hatte, nämlich in Julis Mund, da war plötzlich eine Lücke.

Später stellte Juli fest, dass man damit die tollsten Pfeiftöne machen konnte. Aber im Augenblick war er vollkommen verdattert. „Mein Zahn", staunte er.

Heidi Hörnchen quiekte vergnügt: „Er ist draußen!"

„Juli passieren wirklich immer die besten Sachen", sagte Günther noch einmal.

Und das fand Juli auch.

Zu Hause guckten sich natürlich ebenfalls alle den Zahn an. Und bestaunten auch die Zahnlücke, die noch viel toller war.

„Erst bekommst du einen kleinen Bruder und dann die erste Zahnlücke?", sagte Papa. „Es sieht so aus, als wärest du jetzt wirklich unser ‚großer Juli'. Wie findest du das?"

„Na, ccccchhhhpitzenmäccccchhhhhig“, pfiff Juli durch seine Zahnlücke und flitzte los.
Vermutlich direkt ins nächste Abenteuer.

ENDE

Andreas H. Schmachtl

Juli Löwenzahn
Jeder Tag ein Abenteuer

Hier kommt Juli Löwenzahn! Und mit einem großen Satz hüpft der kleine Kaninchenjunge immer wieder mitten in ein neues Abenteuer: Er wird zum Frosch-Retter, macht eine aufregende Nachtwanderung, geht im Auftrag von Oma Löwenzahn auf eine geheime Einkaufsmission oder traut sich in ein altes Gespensterhaus. Und das sind noch längst nicht alle Abenteuer, die es von Juli Löwenzahn zu erzählen gibt …

Arena
88 Seiten • Gebunden
Mit farbigen Illustrationen
ISBN 978-3-401-09600-1
www.arena-verlag.de

Andreas H. Schmachtl

Juli Löwenzahn
Mein Kindergarten-Album

So schön ist die Kindergartenzeit! In dieses Freunde-Album können sich schon Kindergartenkinder eintragen – mit genügend Platz zum Schreiben und Malen von Grüßen. Und natürlich dürfen auch Fotos von Ausflügen und Festen nicht fehlen. So wird das Kindergarten-Album zu einem Eintragbuch voller unvergesslicher Erinnerungen!

Arena
96 Seiten • Gebunden
Mit wattiertem Einband
ISBN 978-3-401-09608-7
www.arena-verlag.de

Andreas H. Schmachtl
Juli Löwenzahn

ISBN 978-3-401-09496-0

Schatzsuche im Möhrenbeet

Bei den Löwenzahns ist immer etwas los. Dafür sorgt Juli schon! Der kleine Kaninchenjunge hat nämlich ziemlich oft gute Ideen – heute zum Beispiel will er allen helfen. Und er weiß auch schon, wie: Nämlich mit einem tollen Wassergraben direkt zu Opas Gemüsebeet. Wer hätte gedacht, dass ein kleines Kaninchen so tief buddeln kann? Und dabei auch noch einen Schatz findet?

ISBN 978-3-401-09799-2

Juli Löwenzahn und die großartige Gespensterfalle

Bis über beide Löffel im Abenteuer: Juli Löwenzahn darf zum ersten Mal im Kindergarten übernachten! Und das ist wirklich ganz schön aufregend, denn vor dem Einschlafen geht Juli schnell noch mal auf Gespensterjagd, damit seine Freunde sich im Dunkeln nicht gruseln müssen.

Arena

Jeder Band:
32 Seiten • Gebunden
Durchgehend farbig illustriert
www.arena-verlag.de

Andreas H. Schmachtl

Tilda Apfelkern

Wunderbare Geschichten aus dem Heckenrosenweg

Die wunderbaren, stimmungsvollen, lustigen, aufregenden und spannenden Geschichten von Andreas H. Schmachtl entführen kleine und große Leser in Tildas gemütlich-nostalgische Welt – und werden sie für immer verzaubern. Tilda Apfelkern, Igel Rupert und all die anderen Freunde wachsen einem so sehr ans Herz, dass man beim Umblättern der letzten Seite gleich wieder vorne mit dem Lesen beginnen möchte.

Die Freunde vom Heckenrosenweg

Wer Tilda Apfelkern kennt, hat sie auch besonders gern – und das wissen nicht nur die Freunde im Heckenrosenweg, sondern auch alle kleinen und großen Leser. Voller Spannung verfolgen sie in den neuen Geschichten Mollys Rettungsaktion, lachen über Ruperts Missgeschicke, freuen sich über die Feste der Freunde und lassen sich von der Gemütlichkeit im kleinen Mäusehaus verzaubern. Ach, wie schön ist es in Tildas Welt!

204 Seiten • Gebunden
Mit farbigen Illustrationen,
Stoffrücken und Lesebändchen
ISBN 978-3-401-09391-8
www.tilda-apfelkern.de

Arena

144 Seiten • Gebunden
Mit farbigen Illustrationen,
Stoffrücken und Lesebändchen
ISBN 978-3-401-09727-5
www.arena-verlag.de

Andreas H. Schmachtl

Hieronymus Frosch

Darauf hat die Welt gewartet

Einen halbautomatischen Einpersonen-Abkühlungsregner? Eine unsichtbar machende Waldmeister-Sonnencreme? Kein Problem, so etwas erfindet ein Tüftler wie Hieronymus Frosch fast im Schlaf! Doch seine wichtigste Erfindung ist die streng geheime Entwicklung eines richtigen Flugflitzers. Kein Wunder, dass sein schlimmster Widersacher, der fiese Mistfrosch Nick, alles versucht, diese Aufsehen erregenden Pläne auszuspionieren …

Arena

136 Seiten • Gebunden
Mit Lesebändchen und Daumenkino
ISBN 978-3-401-09889-0
www.arena-verlag.de